Das erste Mal MAMA – das Lexikon für die ersten 365 Tage

Alles Wissenswerte rund um die Geburt, das Wochenbett, die Rückbildung, das Bonding, die Stillzeit, den Umgang mit dem Baby und mit den alltäglichen Herausforderungen

Sofia Fischer

Alle Ratschläge in diesem Buch wurden vom Autor und vom Verlag sorgfältig erwogen und geprüft. Eine Garantie kann dennoch nicht übernommen werden. Eine Haftung des Autors beziehungsweise des Verlags für jegliche Personen-, Sach- und Vermögensschäden ist daher ausgeschlossen.

Auflage 2022

INHALT

Einleitung

Die Geburt ist das einzige Blind-Date, bei dem du dir vollkommen sicher darüber sein kannst, die Liebe deines Lebens kennenzulernen.

Vielleicht hast du schon einmal etwas von diesem Spruch gehört, hinter dem sich nichts als die Wahrheit versteckt. Bereits während der Schwangerschaft bauen die werdende Mutter und auch der werdende Vater eine Bindung zu dem Kind auf. Dies fängt spätestens mit den kleinen und sanften Tritten gegen die Bauchdecke oder den gelegentlichen heftigen Tritt gegen die Blase, die sich wunderbar als Trampolin anbietet, wenn das Baby seine Purzelbäume im Mutterleib macht.

Woche für Woche stärkt sich die Bindung zu dem Baby im Mutterleib. Es kann die Stimme seiner Eltern hören, genießt den Herzschlag der Mutter als Hintergrundmusik und macht sich mit Bewegungen oder Schluckauf bemerkbar, der dafür sorgt, dass der Bauch der werdenden Mutter lustig hin und her wackelt. Jede werdende Mutter stellt sich die Geburt des eigenen Kindes anders vor und erlebt dieses Wunder der Natur auf eine ganz eigene Weise. Was jedoch sicher ist, ist die Tatsache, dass dir vor lauter Freude für einen Moment die Luft fehlt, wenn du vor lauter Liebe und Erstaunen auf dein kleines Baby blickst, das für neun Monate im Bauch der Mutter gelebt hat. Es ist nun nicht mehr der Faustschlag deines Babys nach oben in die Richtung der Lunge der Mutter, der den Atem raubt. Vielmehr ist es nun das überwältigende Gefühl der unendlichen und bedingungslosen Liebe, das die frischen Eltern für ihr neugeborenes Baby empfinden.

Auch ich kenne dieses Gefühl von der Geburt meiner Tochter. Seit über drei Jahren darf ich mich stolze Mama einer wundervollen 3-jährigen Tochter nennen, die mein Leben auf eine wundervolle Weise vollkommen auf den Kopf gestellt hat. Die Geburt eines Kindes kann die Welt der Eltern – ganz egal, ob es sich um das erste, zweite oder dritte Kind handelt – vollkommen umkrempeln. Denn jedes Kind ist einzigartig und bereichert die Familie somit mit seinem ganz eigenen Charakter. Sicherlich gestalten sich die Bedürfnisse neugeborener Babys ähnlich und - auch während sie sich nach und nach zum Kleinkind entwickeln und sich immer schneller dem ersten Geburtstag nähern - haben sie ähnliche Anforderungen und Erfahrungen. Dennoch ist es für dich als Elternteil immer wichtig zu wissen, dass jedes Kind einzigartig ist und seinen ganz eigenen Charakter aufweist.

Dieser Hinweis ist aus dem Grund so wichtig, weil du mit diesem Buch einen wertvollen und wichtigen Begleiter in deinen Händen hältst, der dir einen roten Faden durch das erste Lebensjahr deines Babys bietet. Er stellt den Anker dar, der auch an stürmischen Tagen und unter hohen Wellen für Sicherheit auf dem Schiff sorgt, auf dem sich die Crew mit dem neuen Member erst wieder neu aufeinander einspielen muss. Jede Familie findet ihren ganz eigenen Rhythmus, ihre eigenen Routinen und Abläufe und kann somit die Route, die sie auf ihrem Schiff als Crew fährt, vollkommen frei bestimmen. Doch, es ist beruhigend zu wissen, dieses Buch als Anker mit an Bord zu haben, um in herausfordernden Momenten Halt zu finden und sich leiten lassen zu können.

Aufgrund der Tatsache, dass ich in Vollzeit berufstätig bin, geht meine Tochter seit dem 10. Lebensmonat in die Kinderkrippe, was mir über die ersten 10 Monate hinweg die Möglichkeit gegeben hat, mich sehr intensiv mit ihr und ihrer Entwicklung zu beschäftigen. Ich konnte die Zeit mit ihr genießen, kam aber auch oft an meine Grenzen und hätte mir gewünscht, ein Lexikon an der Hand zu haben, in dem ich zu bestimmten Fragen eine Antwort bekomme, ohne mich mit Augenringen, brennenden Augen und dem jammernden Kind, das gerade seinen ersten Zahn bekommt, durch viele Kapitel durchlesen zu müssen.

Doch, wie heißt es doch so schön? Träume nicht dein Leben, sondern lebe deinen Traum! Ich wollte nicht einfach nur von einem solchen Lexikon träumen, sondern habe mich direkt an die Arbeit gemacht und das Werk in deinen Händen erstellt. Es begleitet dich Schritt-für-Schritt in der Entwicklung deines Kindes und gibt konkrete Antworten, Tipps und Tricks zu den einzelnen Fragen, mit welchen du dich im ersten Lebensjahr des Kindes in der Regel beschäftigst.

Und, da ich nun schon mit einigen klugen Sprüchen um mich geschmissen habe, kommt noch einer: Es gibt keine dummen Fragen! Es handelt sich dabei nicht nur um einen Spruch, sondern um ein sehr wichtiges Statement, das du dir auf jeden Fall zu Herzen nehmen solltest. Viele Eltern haben in der heutigen Gesellschaft immer mehr das Gefühl, bereits alles wissen und einer bestimmten Rolle gerecht werden zu müssen. Von allen Seiten regnet es Ratschläge, Menschen teilen ungefragt ihre Meinung und treten frischgebackenen Eltern mit einer oft recht unrealistischen Erwartungshaltung gegenüber. Viele Eltern scheuen sich dabei davor, Fragen zu stellen und sich Hilfe zu holen. In diesem Lexikon werden genau die Fragen gestellt und für dich beantwortet. Mit Sicherheit findest du auf den einzelnen Seiten Fragen wieder, die dir auch schon durch den Kopf geflogen sind, oder triffst auf solche, über die du dir zuvor noch gar keine Gedanken gemacht hast. Das ist vollkommen normal! Im ersten Lebensjahr entwickeln sich Babys so rasant weiter, dass du immer wieder auf neue Umstände und neue Situationen stoßen wirst, die Fragen in dir aufkommen lassen können.

Freue dich mit diesem Buch über einen treuen Begleiter, der dich mit strukturierten und zeitgemäßen Informationen rund um das erste Lebensjahr versorgt. Es geht los mit der Geburt des Kindes bis hin zu dem ersten Geburtstag. Erhalte wertvolle Tipps für dich als Mama und für dein Kind, um euch nach und nach als Familie aufeinander einzuspielen und zu verstehen, was eigentlich gerade los ist.

Natürlich bin ich mir auch bewusst darüber, dass dir möglicherweise gerade die Zeit fehlt, um ein ganzes Buch zu lesen und die Informationen in dir aufzunehmen – die Stilldemenz ist, auch bei Eltern, die sich dazu entscheiden, die Flasche zu geben – keinesfalls nur ein Gerücht. Vielleicht hast du auch schon die Autoschlüssel im Tiefkühlfach gefunden oder erst an der Kasse im Supermarkt gemerkt, noch deine Hausschuhe an den Füßen zu haben. Aus diesem Grund habe ich das Buch so aufgebaut, dass du mit Hilfe der übersichtlichen alphabetischen Gliederung immer ganz gezielt nach dem Thema suchen kannst, das dich gerade interessiert. Du kannst natürlich auch einfach in dem Buch stöbern, in ihm querlesen und dir somit unterschiedliche Informationen einholen. Mein Ziel ist es jedoch, dir einen Helfer mit an die Hand zu geben, in dem du schnell nachschlagen kannst und in nur wenigen Minuten eine Antwort auf eine Frage bekommst, die dir auf der Seele brennt.

Allergien und Erkrankungen

Eltern wollen, dass es ihrem Baby immer gut geht und würden ihm am liebsten alle Schmerzen und Beschwerden abnehmen, wenn es krank werden sollte. Doch, nicht nur bezüglich Krankheiten, sondern auch bezüglich Allergien machen sich Eltern nicht selten Sorgen.

Wie groß ist die Gefahr, dass mein Baby schon in den ersten Wochen und Monaten eine Allergie gegen Pflegeprodukte und/oder Nahrungsmittel entwickelt?

Nicht nur Kinder, Jugendliche und Erwachsene, sondern auch bereits Babys können unter Allergien leiden. In den meisten Fällen reagieren Babys mit einem Ausschlag. Zudem können Beschwerden der Atemwege oder Probleme mit dem Magen-Darm-Trakt darauf hinweisen, dass dein Baby eine Allergie auf ein bestimmtes Nahrungsmittel oder ein Pflegeprodukt aufweist.

Da Babys jedoch öfter einmal Rötungen aufweisen, kannst du dir natürlich nie sicher darüber sein, ob diese wirklich auf eine Allergie hinweisen. In diesem Fall ist es wichtig, immer auf dein Gefühl zu hören. Wenn du denkst, dass mit deinem Baby etwas nicht stimmt und dass es möglicherweise eine Allergie auf etwas hat, wende dich mit diesen Bedenken an deinen Kinderarzt und spreche mit ihm darüber. Er kann dein Baby untersuchen und feststellen, ob es sich um einen normalen Ausschlag oder um eine Allergie handelt.

Kann ich Allergien bei meinem Baby vorbeugen?

Es gibt ein paar Tipps, die dich dabei unterstützen können, Allergien bei deinem Baby vorzubeugen. Natürlich gibt es keine Garantie, dass dein Baby nie eine Allergie aufweisen wird. Doch, mit den folgenden Hinweisen kannst du das Risiko durchaus etwas minimieren:

- Stille dein Baby für mindestens 4 bis 6 Monate voll. Denn über die Muttermilch bekommt dein Baby alles, was es braucht. Zudem ist die Muttermilch allergenarm und weist wichtige Stoffe auf, die sicherstellen, dass die Darmschleimhaut vor Allergenen geschützt wird. Verzichte dabei auf keinen Fall auf allergene Lebensmittel, sondern gestalte deine Ernährung so gesund und vielfältig wie möglich und wie es dir schmeckt.

- Gestalte die Beikost deines Babys umfangreich und verzichte auf keine Lebensmittel, die als allergen gelten. Denn, wenn der Körper deines Babys zum Start der Beikost in Kontakt mit derartigen Lebensmitteln kommt, besteht eine größere Wahrscheinlichkeit, dass der Körper deines Babys eine Toleranz diesen gegenüber entwickelt.

- Rauche nicht vor deinem Baby, da das Rauchen – sowohl aktiv als auch passiv – das Risiko für Allergien erhöht.

- Übertreibe es nicht mit der Hygiene – das Immunsystem deines Babys stärkt sich, wenn es mal einen Schnupfen hat.

- Achte darauf, ob in Räumen Schimmel vorhanden ist, und gehe ggf. gegen ihn vor.

Welche gängigen Erkrankungen sollte ich im ersten Jahr erwarten?

Im ersten Jahr muss sich das Immunsystem deines Babys erst noch stärken und besser aufbauen, was es natürlich – trotz des Schutzes durch die Muttermilch und andere Vorkehrungen – anfällig für

Krankheiten macht. Erkrankungen, die im ersten Lebensjahr auftreten können, stellen unter anderem die Folgenden dar:

- Erkältungen und Grippen,
- Magen-Darm-Erkrankungen,
- Mittelohrentzündung,
- 3-Tage-Fieber und
- Pseudo-Krupp - Es handelt sich hierbei um einen „bellenden" Hustenanfall, der oft Hand in Hand mit Heiserkeit und pfeifenden Geräuschen während der Atmung einhergeht. Nicht selten leiden Babys in diesem Fall auch an Atemnot. Denn bei Pseudo-Krupp handelt es sich um eine Erkrankung der Atemwege, die sich allerdings von dem „echten" Krupp dadurch unterscheidet, dass die Erreger andere sind und der Verlauf des Pseudo-Krupps deutlich milder ist.

Wann ist Fieber nicht mehr die Heilung unterstützend, sondern gefährlich?

Generell erkranken Babys sehr viel häufiger an Fieber, als dies bei Erwachsenen der Fall ist. Grundsätzlich stellt Fieber auch keinen Grund zur Sorge dar, da es sich um eine Schutzreaktion des Körpers handelt. Mit ihr versucht er, Krankheitserreger zu bekämpfen. Denn bei hoher Temperatur fällt es diesen schwerer, sich zu vermehren. Doch, wenn das Fieber zu hoch wird, hilft es nicht mehr bei der Heilung und der Bekämpfung der Krankheitserreger. Vielmehr wird es in diesem Fall zu gefährlich.

Während zwischen 36,5 und 37,5 Grad Celsius die Rede von einer erhöhten Temperatur ist, zeichnet sich Fieber mit einer Temperatur über 38,5 Grad Celsius aus. Hohes Fieber hat das Baby bei über 39

Grad Celsius und gefährlich wird es bei Temperaturen über 41,5 Grad Celsius. Bei dieser Temperatur werden die körpereigenen Eiweiße zerstört. Dann ist es wichtig, direkt einzugreifen und den Arzt zu rufen.

Zudem solltest du dein Baby während des Fiebers immer ganz genau kontrollierten und dann einen Arzt aufzusuchen, wenn:

- dein Baby unter drei Monaten eine Temperatur von 38 Grad aufweist.
- dein Baby länger als zwei Tage Fieber hat.
- das Fieber nicht sinkt, obwohl du deinem Baby fiebersenkende Mittel gegeben hast.
- neben dem Fieber auch weitere Symptome auftreten wie zum Beispiel Durchfall, Erbrechen oder gar Hautausschläge.
- das Fieber zwar sinkt, dein Baby aber trotzdem recht teilnahmslos wirkt.
- dein Baby nicht trinken möchte.
- dein Baby einen Fieberkrampf hat.
- du dir Sorgen machst. Dein Baby merkt deine Unruhe, weshalb es sich schlicht und ergreifend für deine Beruhigung lohnt, den Arzt zu kontaktieren und ihm die Situation zu schildern. Ein Arzt kann dich am besten unterstützen.

Sollte mein Kind stationäre Behandlung benötigen, kann ich bei ihm bleiben? Was sollte ich tun, wenn es mir nicht möglich ist, bei meinem Kind zu bleiben?

Wenngleich natürlich kein Elternteil gerne daran denkt, kann es durchaus dazu kommen, dass das eigene Kind stationär im

Krankenhaus aufgenommen werden muss. In der Regel stellt es – anders als es früher der Fall war – absolut kein Problem dar, gemeinsam mit dem Kind im Krankenhaus zu bleiben und sich als Elternteil somit mit aufnehmen zu lassen. In vielen Krankenhäusern finden sich für diese Zwecke sogar spezielle Eltern-Kind-Zimmer wieder. Zudem übernimmt die Krankenkasse die Kosten, sofern formal eine medizinische Notwendigkeit für den Aufenthalt des Kindes im Krankenhaus vorliegt. Diese Bescheinigung erhältst du in der Regel ohne Probleme, solange dein Kind unter 9 Jahre alt ist. Du kannst dich aber im Zweifelsfall immer an den Bundesverband „Aktion Kind im Krankenhaus" wenden und dort Unterstützung erhalten.

Solltest du nicht mit in das Krankenhaus gehen bzw. nicht mit im Krankenhaus bleiben können, solltest du dir ein paar wichtige und grundlegende Tipps zu Herzen nehmen:

- Besuche dein Baby so oft es geht. Das Krankenhaus hat in der Regel keine zeitlichen Einschränkungen und du kannst dein Baby immer besuchen, wann du möchtest. Es bietet sich natürlich an, das Klinikpersonal im Voraus über deine geplanten Besuchszeiten zu informieren.

- Du kannst dich von deinem Arbeitgeber freistellen lassen und für die Zeit des Aufenthaltes deines Kindes im Krankenhaus Kinderkrankengeld erhalten.

- Hast du zu Hause weitere Kinder unter 12 Jahren, kannst du einen Antrag auf eine Haushaltshilfe stellen, sofern du mit in das Krankenhaus aufgenommen werden möchtest. Diese Haushaltshilfe finanziert in diesem Fall die Krankenkasse.

Wie kann ich meinem verrotzten Kind den Schleim absaugen?

Da sich Babys und auch kleine Kinder in der Regel noch nicht die Nase putzen können, ist es für viele Eltern interessant zu wissen, dass sie ihr Baby auch auf andere Weise von dem Schleim in ihrer Nase befreien können. Für diese Zwecke findet man auf dem Markt sog. Nasensauger. Diese funktionieren – je nach Modell und Beschaffenheit – durch das Saugen über ein Mundstück (keine Sorge – der Schleim gelangt dabei nicht in deinen Mund) oder durch das Anschließen des Nasensaugers an den Staubsauger. Zwar finden sich nur sehr wenige Modelle auf dem Markt wieder, die den Anschluss an einen Staubsauger erlauben, dennoch handelt es sich inzwischen um eine zur Verfügung stehende Möglichkeit, um einer verstopften Nase beim Baby den Kampf ansagen zu können.

Mein Kind muss einen Saft nehmen, den es nicht ausstehen kann, obwohl er gesüßt ist. Wie kann ich ihn dennoch verabreichen? Gibt es Tipps und Tricks?

Oft weisen medizinische Säfte einen für Kinder recht angenehmen Geschmack auf, was jedoch nicht heißt, dass jedes Kind automatisch positiv auf diese Säfte reagiert. Es gibt durchaus Kinder, die sich vor der Einnahme des Saftes weigern, weil er ihnen nicht schmeckt. In diesem Fall ist es natürlich keine Option, die Medizin einfach nicht zu geben.

Viele Eltern greifen auf die Möglichkeit zurück, den medizinischen Saft mit einem anderen Getränk zu vermischen. Allerdings besteht dabei die Gefahr, dass das Getränk den Geschmack des Saftes annimmt und das Kind diesen entweder ausspuckt oder nicht komplett austrinkt. In diesem Fall kannst du deinem Kind nicht einfach einen neuen Saft geben, weil du nicht weißt, wie viel des Wirkstoffes bereits zu deinem Kind durchgedrungen ist. Zudem musst du immer im Hinterkopf behalten, dass sich einige medizinische Säfte nicht mit bestimmten Getränken vertragen. Das trifft beispielsweise auf einige Antibiotika und Milch zu.

Aus diesem Grund raten viele Fachkräfte zu der Verwendung von Einmalspritzen. Mit diesen kannst du (natürlich indem du das spitze Ende der Spritze abnimmst) den Saft einfach und unkompliziert in die Backentasche deines Babys spritzen, sodass es den Geschmack nicht so intensiv wahrnimmt. Biete deinem Kind hinterher direkt etwas zu trinken an, sodass der Geschmack sofort verschwindet.

Wie erkenne ich den Unterschied zwischen harmlosem Spucken und tatsächlichem Erbrechen?

Bei Babys kommt es nicht selten dazu, dass sie spucken. Dabei ist es wichtig, zwischen dem harmlosen Spucken und dem Erbrechen unterscheiden zu können:

- Beim Spucken spuckt dein Baby nur kleine Mengen aus. Oft spucken Babys, weil sie zu schnell getrunken oder zu viel Luft während des Trinkens geschluckt haben.
- Beim Erbrechen handelt es sich oft um einen großen Schwall und, anders als dies beim Spucken der Fall ist, wirkt dein Baby krank und oft auch erschöpft und schlapp.

Der Unterschied ist vor allem aufgrund der zwischen dem Spucken und dem Erbrechen unterschiedlichen möglichen Folgen relevant, die das schwallhafte Erbrechen mit sich bringen kann. Nicht behandeltes Erbrechen, das mit einer zu geringen Flüssigkeitszufuhr einhergeht, kann zu einer Austrocknung führen. Daher ist darauf zu achten, dass dein Baby, wenn es erbricht, ausreichend trinkt. Wenn dies nicht der

Fall ist oder das Baby über einen zu langen Zeitraum hinweg erbricht, ist ein Arzt aufzusuchen.

Babymassage

Unter vielen Eltern-Baby-Kursen, die du gemeinsam mit deinem Baby belegen kannst, befinden sich unter anderem Baby-Massage-Kurse, bei welchen du lernst, dein Baby zu massieren und es zu derselben Zeit besser kennenzulernen.

Es ist dabei immer wichtig, nur einen ganz leichten Druck auf dein Baby auszuüben und auf keinen Fall zu stark auf die Stelle, die du massieren möchtest, zu drücken. Allgemein ist zu beachten, dass du sanft mit deinem Baby umgehst und somit leicht über seine Haut streichelst. Es geht also weniger darum, Druck auszuüben, sondern mehr darum, dein Baby zu streicheln, sodass es sich wohlfühlt und entspannen kann. Dass deinem Baby die Massage gefällt, erkennst du in der Regel daran, dass es entspannte Gesichtszüge hat, sich nicht beschwert und allgemein ruhig ist.

BADEN

Irgendwann kommt der Zeitpunkt des ersten Bads deines Babys und du stellst dir natürlich viele Fragen rund um das Baden. Zunächst einmal ist es für dich wichtig zu wissen, dass das Baden unmittelbar nach der Geburt absolut kein Muss darstellt und du die tägliche Körperpflege deines Babys auch einfach mit einem feuchten Waschlappen durchführen kannst. In vielen Fällen bietet eine Nachsorgehebamme den frisch gebackenen Eltern an, sie bei dem ersten Bad ihres Babys zu unterstützen und ihnen somit wichtige Hinweise und Tipps mit auf den Weg zu geben. Nehme dieses Angebot auf jeden Fall an, sofern du eine Nachsorgehebamme nach der Geburt haben solltest.

Führe das erste Bad auf keinen Fall zu früh durch. Denn ein zu früher Zeitpunkt könnte den Hautkontakt zu der Mutter unterbrechen und sich somit auch negativ auf die Stillbeziehung auswirken. Dein Baby spielt noch nicht im Dreck und macht sich auch sonst nicht so schmutzig, als dass der Drang danach bestünde, es direkt zu baden. Zudem kann ein zu frühes Bad unter Umständen zu einer Unterkühlung führen.

Taste dich erst nach und nach an das Baden deines Babys heran und behalte dabei im Hinterkopf, dass dein Baby mit circa vier Monaten so weit ist, um circa ein bis zwei Mal in der Woche gebadet werden zu können. Doch, nicht immer macht Babys das Baden im Wasser Spaß. Das muss auch nicht sein. Du solltest es mit dem Baden nicht übertreiben und darfst dein Baby auf keinen Fall zu oft baden.

Was gilt es zu beachten, wenn ich mein Baby bade?

Damit du dein Baby gut baden kannst, ist es wichtig, ein paar wichtige Aspekte im Hinterkopf zu behalten:

- Nehme dir Zeit mit dem ersten Bad.
- Bade dein Baby entweder mit dir zusammen in der großen Badewanne oder nutze eine kleinere Babywanne.
- Lasse dein Baby niemals alleine, wenn es badet, sondern sei immer präsent.
- Achte auf die richtige Uhrzeit für das Baden. Einige Babys werden durch das Baden eher munterer, andere müder.
- Bade dein Baby nicht zu oft, wenn es das nicht möchte. Setze weder dich noch dein Baby diesem Stress aus.
- Achte darauf, nicht zu lange zu baden. Am besten badest du dein Baby zwischen 5 bis 10 Minuten.
- Wasche den Kopf und die Haare deines Babys erst am Ende des Badens. Denn über den Kopf verliert dein Baby die meiste Wärme.
- Die Wassertemperatur sollte nicht über 37 Grad liegen.
- Wickele dein Baby nach dem Baden warm in ein Handtuch ein und tupfe es vorsichtig trocken.
- Verzichte auf Schaumbäder und andere Zusätze. Nutze stattdessen Muttermilch oder andere milde Zusätze wie Mandelöl oder hautberuhigende Substanzen wie Kamille und auch Ringelblume.

Babyschwimmen

Das Babyschwimmen erfreut sich unter Eltern einer sehr großen Beliebtheit, was unter anderem auf die Tatsache zurückzuführen ist, dass es durchaus wertvolle Vorteile mit sich bringt. Indem das Baby bereits früh in Kontakt mit dem Wasser kommt, lernt es diesen Bewegungsraum auf spielerische Weise kennen. Das kann unter anderem dazu beitragen, dass das Baby keine Ängste dem Wasser gegenüber entwickelt. Zudem soll auch die Gesamtmotorik deines Babys, genau wie die Muskulatur, die Atmung und der Kreislauf, von dem frühen Aufenthalt im Wasser profitieren können.

Trotzdem solltest du dich nicht nur auf die positiven Aspekte konzentrieren, sondern dir auch immer wieder die möglichen Nachteile vor Augen führen, die das Babyschwimmen unter Umständen mit sich bringen könnte. Einige Wissenschaftler weisen in diesem Zusammenhang auf den noch nicht vollständig entwickelten Zustand der Lungen von Babys hin, was zu einem durchaus größeren Infektionsrisiko führen könnte. Studien haben sich zudem dem Asthmarisiko gewidmet, das bei Kindern besteht, deren Eltern selbst Asthma haben. Solltest du oder das andere Elternteil unter Asthma leiden oder hat einer von euch früher einmal unter Asthma gelitten, solltest du in den ersten sechs Monaten des Lebens deines Babys darauf verzichten, einen Babyschwimmkurs zu belegen.

Bauchnabel

Der Bauchnabel spielt am Körper eines Menschen auf den ersten Blick keine sonderlich große und wichtige Rolle. Auf den zweiten Blick handelt es sich bei ihm jedoch um den Teil des Körpers, an dem sich die Nabelschnur befindet, die das Baby mit allen wichtigen Nährstoffen versorgt und mit der Plazenta verbindet. Nach der Geburt bzw. nach der Geburt der Plazenta ist das Baby nach wie vor mit der Plazenta über die Nabelschnur verbunden. Dies gilt ganz egal, ob du dich dafür entscheidest, die Nabelschnur zu durchtrennen oder sie solange zu lassen, bis diese selbstständig abfällt (die Nabelschnur fällt in der Regel innerhalb der ersten 14 Tage nach der Geburt des Babys von ganz alleine ab). Allerdings solltest du diesbezüglich wissen, wie du den Bauchnabel deines Babys am besten pflegst. Zudem solltest du immer warten, bis der Nabel von alleine abfällt, und niemals nachhelfen, da dies zu nicht ungefährlichen Infektionen führen könnte.

Wie pflege ich den Bauchnabel meines Neugeborenen?

An und für sich verlangt der Nabel bzw. der Rest der Nabelschnur, der an dem Bauchnabel deines Babys hängt, nicht viel Pflege. Wichtig ist, dass du immer saubere Hände hast, bevor du die Stelle am Körper deines Babys anfasst, um es keinem Infektionsrisiko auszusetzen. Anschließend solltest du ein Nabelpflege-Pulver verwenden, das du deinem Baby auf den Bauchnabel gibst, um so zu verhindern, dass er nass wird. Denn, sollte diese Stelle nass werden, steigt das Infektionsrisiko nicht unerheblich an.

Achte beim Wickeln zudem darauf, dass die Windel nicht zu fest an dem Bauchnabel bzw. dem Rest der Nabelschnur anliegt und diesen nicht reibt. Am besten lässt du die Windel diesen Bereich gar nicht berühren, sondern schlägst sie so um, dass der Bund unter dem Bauchnabel endet.

Wie lange sollten wir warten, bevor wir das Kind abnabeln (lassen)?

Nach der Geburt ist das Baby, wie schon gesagt, über die Nabelschnur mit der Plazenta verbunden. In diesem Zusammenhang ist es wichtig zu wissen, dass die Nabelschnur weiterhin pulsiert, was dazu führt, dass die Mutter und das Kind Blut austauschen.

Die Studie „Effect of timing of umbilical cord clamping of term infants on maternal and neonatal outcomes“, die Susan Mc Donald und drei ihrer Teamkollegen im Jahr 2013 veröffentlicht haben, ist bezüglich des Auspulsieren-Lassens der Nabelschnur sowohl zu positiven als auch zu negativen Aspekten gekommen. Laut Ergebnissen der Studie soll es dabei unter anderen zu den folgenden Umständen kommen:

- Babys mit einer auspulsierten Nabelschnur weisen in der Regel ein höheres Geburtsgewicht auf und haben häufiger die Neugeborenen-Gelbsucht.
- Babys, bei denen die Nabelschnur nicht auspulsiert ist, haben ein 2-Mal höheres Risiko, zwischen dem 3. und 6. Lebensmonat unter einem Eisenmangel zu leiden.

Somit gibt es sowohl Vor- als auch Nachteile, die für bzw. gegen das Auspulsieren der Nabelschnur sprechen und niemand kann ganz genaue Vorgaben bezüglich des passenden Zeitpunktes des Abnabelns machen. Durchschnittlich findet es circa 15 Minuten nach der Geburt statt. Entscheiden sich Frauen dagegen für eine Lotusgeburt, wird die Nabelschnur gar nicht durchtrennt, sondern sie bleibt so lange mit der Plazenta verbunden, bis die Nabelschnur von alleine abfällt.

BINDUNG ZU DEM BABY

Die ganze Schwangerschaft hinweg stellst du dir vor, wie es sich wohl anfühlen muss, dein Baby zum ersten Mal in den Armen zu halten. Du stellst dir vor, wie es wohl aussieht und kannst es kaum abwarten, diesen kleinen Menschen endlich an dich zu kuscheln. In der Tat ist das Erste, was nach der Geburt in der Regel geschieht, das sogenannte Bonding. Dieses besteht darin, dass die Hebamme der Mutter (oder in einigen Fällen auch dem Vater) das Baby auf den nackten Oberkörper legt, sodass ein enger Haut-zu-Haut-Kontakt besteht. Dieser Kontakt fördert die Bindung zwischen dem Elternteil und dem Kind.

Vielleicht hast du auch schon einmal etwas von dem Begriff „Urvertrauen“ gehört und dich gefragt, was überhaupt hinter ihm steckt. Das Urvertrauen ist das bedingungslose Vertrauen, das ein Kind in seine Eltern – die wichtigsten Bezugspersonen in seinem Leben – hat. Dieses Vertrauen hat es aufgrund der Bindung, die es vor allem innerhalb des ersten Lebensjahres zu ihnen aufgebaut hat. Es stellt nicht nur bezüglich der Bindung zwischen den Eltern und dem Kind einen wichtigen Aspekt dar. Das Bonding und das damit im Zusammenhang stehende Urvertrauen spielt auch in Bezug auf künftige Beziehungen, die dein Kind später haben wird, eine entscheidende Rolle. Denn das Vertrauen steht an der Wurzel jeder Beziehung und darf aus diesem Grund niemals fehlen. Durch das Bonding zu deinem Baby lernst du nicht nur dein Baby besser kennen. Vielmehr erfährst du, wie du seine Körpersprache und seine Emotionen besser verstehen und somit auch besser auf sie reagieren kannst.

Nutze vor allem die Zeit nach der Geburt, um dein Baby kennenzulernen, es ganz nah bei dir zu tragen und die sog. „Kuschel- und Kennenlernzeit“ – die nicht umsonst diese Bezeichnung trägt – in vollen

Zügen zu genießen. Du kannst dein Baby nicht mit Liebe, Zuwendung und Geborgenheit verwöhnen, sondern du stärkst so sein Vertrauen und das Gefühl der Sicherheit. Ein Baby muss nicht schreien, um seine Lungen zu öffnen – das ist ein von der Wissenschaft inzwischen mehrfach widerlegter Mythos. Das Schreien deines Babys stellt das einzige Kommunikationsmittel dar, welches ihm zur Verfügung steht. Es schreit nicht, um dich zu nerven, sondern um dir zu zeigen „Hey Mama, Hey Papa – ich brauche dich! Ich fühle mich alleine, ich brauche Geborgenheit, ich brauche Körperkontakt,...“. Baue eine Bindung zu deinem Baby auf, genieße die innige Nähe, lege somit den Grundstein für die spätere Beziehung, die du zu ihm haben wirst, und helfe ihm im gleichen Atemzug dabei, auch andere Beziehungen eingehen zu können.

Doch, was passiert, wenn die Kuschel- und Kennenlernzeit nicht so wird, wie du es dir vorgestellt hast? Ist es normal, dass manche Mütter einfach etwas mehr Zeit brauchen, um eine Bindung zu dem Baby aufzubauen?

Warum fühle ich mich nicht wie auf Wolke 7?

In den Filmen wird es ständig gezeigt und in Büchern wird es auch ständig beschrieben, wie die Mutter nach der Geburt auf Wolke 7 schwebt und die Welt wie durch eine rosarote Brille betrachtet. Diese Darstellung und diese Erwartung, die Mütter an sich selbst haben, sorgt schnell dafür, dass sich Schuldgefühle in dir ausbreiten, wenn du nicht direkt auf Anhieb diese Bindung spürst und nicht unmittelbar auf Wolke 7 schwebst.

Führe dir in diesem Fall vor Augen, dass du keine schlechte Mutter bist. Du hast dein Baby neun Monate unter deinem Herzen getragen. Dein ganzer Körper hat sich verändert und deine Hormone haben

Party gefeiert. Kennst du das Gefühl nach einem Hangover, wenn du zu viel getrunken hast? Bevor du am nächsten Morgen wieder zu dir kommst und deine Gedanken sammeln kannst, hast du das Gefühl, gar nichts mehr zu wissen und keinen klaren Gedanken fassen zu können. Es kann auch nach der Geburt sein, dass du erst einen Moment brauchst, bis du wieder richtig zu dir kommst und einordnen kannst, was überhaupt geschehen ist. Vielleicht wird es dir auch passieren, auf dein Baby zu schauen und dich zu fragen „Ist das wirklich mein Baby? Habe ich wirklich einen kleinen Menschen auf die Welt gebracht?"

Sicherlich ist immer wieder die Rede davon, dass es sich bei der Bindung zwischen Eltern und Kind um eine ganz besondere Bindung handelt. Sie stellt ein undurchtrennbares Band dar, das jedoch erst einmal gestärkt werden muss. Es ist vollkommen normal, wenn du etwas mehr Zeit brauchst, um dich wie auf Wolke 7 zu fühlen. Gebe dir selbst Zeit, um dich von der Geburt und der Schwangerschaft zu erholen. Gehe nicht zu hart mit dir selbst ins Gericht und lasse auf keinen Fall den Gedanken, eine schlechte Mutter zu sein, zu. Du bist eine tolle Mutter. Es gibt nicht nur eine Art Mutter, die nach der Geburt im 7. Himmel schwebt, sondern jede Mutter ist auf ihre Weise einzigartig.

Wie lange kann es dauern, bis eine Bindung zu meinem Baby entsteht?

An und für sich entsteht die erste Bindung in der Form des bereits dargestellten „Bondings" innerhalb der ersten Minuten oder Stunden nach der Geburt. Allerdings solltest du dich davon nicht unter Druck setzen lassen und dir auch immer wieder vor Augen führen, dass es sich um durchschnittliche Angaben handelt. Nicht jede Mutter baut direkt eine Bindung zu dem Kind auf, wenn es ihr auf die Brust gelegt wird. Es kann durchaus sein, dass sie sich erst einmal erholen und zudem realisieren muss, was überhaupt passiert ist.

Es kann aber auch mehrere Stunden oder Tage dauern, bis du eine Bindung zu deinem Kind aufbaust, was mitunter verschiedene Ursachen haben kann. Jede Geburt verläuft anders und jede Mutter erlebt auch die Zeit der Schwangerschaft ganz individuell. So kann es unter anderem sein, dass

- Komplikationen während der Schwangerschaft und/oder während der Geburt,
- Frühgeburten oder gesundheitliche Probleme des Kindes
- uvm

dazu beitragen, dass du etwas mehr Zeit brauchst, um eine Bindung zu deinem Kind aufbauen zu können. Nochmal: Du bist deshalb keine schlechte Mutter oder als Mutter nicht weniger gut geeignet als andere Frauen. Die Bindung zwischen Müttern und Kindern wird zwar immer allgemein als magisch und besonders dargestellt, dennoch gestaltet sich jede Mutter-Kind-Bindung vollkommen individuell.

Zudem heißt die Tatsache, dass du etwas mehr Zeit brauchst, um die Bindung zu deinem Baby aufbauen zu können, nicht, dass die Bindung später weniger stark ist oder einen Schaden hat. Du und dein Baby habt euer Tempo und könnt, auch wenn die Bindung nicht unmittelbar nach der Geburt erfolgt, trotzdem etwas später eine sehr starke Bindung aufbauen.

Was kann ich machen, um die Bindung zu meinem Kind zu stärken?

Natürlich fragen sich Frauen nach der Geburt, was sie tun können, um die Bindung zum Kind zu stärken. Sie wollen gerne das Kribbeln im Bauch, von dem alle berichten, und die Wärme, die sich im ganzen Körper ausbreitet, verspüren.

Um die Bindung zu dem eigenen Baby fördern zu können, kannst du dir durchaus einige Hinweise und Tipps zu Herzen nehmen, die dich in Bezug auf diese Beziehung stärken und unterstützen können. Tipps, an welche du dich orientieren kannst, sind dabei unter anderem die Folgenden:

- Stille dein Baby. Durch das Stillen entsteht noch einmal eine ganz andere Art der Nähe zwischen dir und deinem Baby. Nicht umsonst bezeichnet man die Stillzeit als Stillbeziehung.
- Nehme intensiven Augenkontakt mit deinem Baby auf. Auch wenn Babys in den ersten Tagen und Wochen ihres Lebens noch nicht viel sehen können, sondern vielmehr Umrisse wahrnehmen, kann es dir helfen, deinem Baby direkt in die Augen zu sehen, wenn du deine Bindung zu ihm stärken möchtest.
- Spreche mit deinem Baby und singe ihm vor. Dein Baby kennt deine Stimme aus der Schwangerschaft und erinnert sich an sie. Die Reaktion deines Babys auf deine Stimme zeigt dir, wie verbunden es mit dir ist, und kann dir somit unter Umständen dabei helfen, deine Bindung zu ihm zu stärken.
- Schlafe mit deinem Baby in einem Bett oder in einem Raum und verbringe viel Zeit mit ihm. In den ersten Wochen nach der Geburt leben Mutter und Baby in der Regel in einer Art Symbiose. Das wird dir noch bewusster, wenn du dein Baby auch in der Nacht bei dir hast und neben ihm oder in seiner Nähe schläfst.
- Lerne dein Baby kennen, indem du mit ihm an einem Babymassagekurs teilnimmst. Du kannst dort durch den Körperkontakt eine bessere Bindung zu ihm aufbauen und anhand seines entspannten

Gesichtsausdrucks sehen, was für eine Wirkung du mit der Massage auf es hast.

- Reagiere auf das Schreien und auf das Weinen deines Babys. Nehme es in den Arm und beruhige es. Du kannst dein Baby beruhigen. Du bist der sichere Anker für dein Kind. Wenn dir diese Tatsache bewusst wird, wird es dir möglicherweise leichter fallen, eine Bindung zu deinem Baby aufzubauen.

- Kuschele ganz viel mit deinem Baby, rieche an ihm und achte auf viel Haut-auf-Haut-Kontakt. Genieße die Wärme, die von deinem Baby ausgeht, lausche den Geräuschen, die es während des Schlafens von sich gibt und lausche seinem sanften Atem, der sich deinem Atem anpasst, wenn du neben ihm liegst.

Mit Hilfe dieser Tipps kannst du die Bindung zu deinem Baby stärken, solltest dabei jedoch auf jeden Fall immer darauf achten, dass du dich wohlfühlst. Mache nichts, womit du dich unwohl fühlst. Denn dann könnte sich die entsprechende Handlung negativ auf die gewünschte Bindung auswirken.

Ab wann sollte ich den Mangel an Muttergefühlen kommunizieren?

Wie du nun weißt, stellt es keine Seltenheit dar, dass Mütter unmittelbar nach der Geburt und unter Umständen auch einige Tage danach, Probleme mit der Bindung zu ihrem Baby haben. Doch, wie lange ist dieser Mangel an Bindung und Muttergefühlen normal und wann solltest du deinem Umfeld mitteilen, wie es in deinem Inneren aussieht?

An und für sich kann die Bindung zu deinem Baby durchaus ein paar Tage in Anspruch nehmen. Stellst du jedoch fest, dass gar keine Besserung in Sicht ist, dass du nichts fühlst, wenn du dein Baby auf dem

Arm hältst oder wenn es schreit, solltest du mit deinem Partner oder einer anderen Vertrauensperson in deinem Umfeld darüber sprechen.

Denn der Babyblues mag vollkommen normal sein, hält jedoch nicht dauerhaft an. Befindest du dich über einen längeren Zeitraum hinweg in diesem Zustand, kann das unter Umständen ein Hinweis darauf sein, unter einer Wochenbettdepression zu leiden. In diesem Fall solltest du dir Hilfe durch einen Fachmann suchen und dir von ihm beraten lassen. Er hilft dir dabei nicht nur in Bezug auf deine Wochenbettdepression, sondern er kann dich auch bezüglich der Bindung zu deinem Baby unterstützen.

Weshalb ist das Bonding für Babys so wichtig?

Neben dem Urvertrauen, das in Zusammenhang mit dem Bonding steht und nicht nur für die Zeit als Baby, sondern für das gesamte restliche Leben des Kindes eine wichtige Rolle spielt, geht das Bonding mit vielen weiteren positiven Aspekten einher. Wusstest du, dass es sich bei der Bindung um ein Grundbedürfnis eines Menschen handelt? Wissenschaftliche Untersuchungen haben herausgefunden, dass die Bindung einen Einfluss auf zahlreiche Bereiche des Lebens eines Menschen hat. Das ist auf das Wachstumshormon zurückzuführen, welches sich bei Babys nur unter der Voraussetzung der emotionalen Zuwendung in ausreichenden Mengen bildet.

Unter anderem gehören:

- die Entwicklung einer stabilen Persönlichkeit sowie
- die Entstehung eines starken Selbstvertrauens und Selbstwertgefühls

zu den Vorteilen, die eine Bindung zwischen Baby und Eltern mit sich bringt. Vor allem Babys, die viel Stress erfahren, weil sie vielleicht in einem Brutkasten liegen, haben zudem ein besonders starkes Bedürfnis nach dieser Bindung zu ihren Eltern.

Unterscheidet sich mein Baby, wenn es im Brutkasten war, von Babys, die das nicht gebraucht haben?

Manche Babys kommen viel zu früh auf die Welt und dürfen deswegen nach der Geburt nicht direkt auf die Brust der Mutter oder des Vaters, sondern brauchen eine direkte medizinische Versorgung. Nicht selten beinhaltet diese auch den Aufenthalt in einem sogenannten „Brutkasten", der das Baby warmhält und mit seinem Aufbau und seinen Rahmenbedingungen so gut wie möglich versucht, die Atmosphäre zu imitieren, die das Baby aus dem Mutterleib kennt. Zudem erlaubt ein solcher Brustkasten die ständige Überwachung des Babys. De meisten medizinischen Maßnahmen und Versorgungen können erfolgen, ohne das Baby aus dem Brustkasten zu nehmen.

Für Eltern ist es nie leicht, ihr Baby in dem Brutkasten zu sehen. Gemischte Gefühle machen sich breit. Auf der einen Seite bist du der Medizin unendlich dankbar für diese fortschrittlichen Entwicklungen, die dein Baby schützen und ihm helfen. Auf der anderen Seite würdest du dein Baby sehr gerne im Arm halten. Du würdest gerne stillen, seine Haut auf deiner spüren und stundenlang damit verbringen, mit ihm zu kuscheln und eine Bindung zu ihm aufzubauen.

Wenn das Baby im Brutkasten liegt, ist das natürlich nicht möglich, weshalb sich auch der Bindungsprozess etwas anders gestaltet. „Anders" heißt in diesem Fall, dass Eltern auf andere Weise eine Bindung zu dem Baby aufbauen können als es bei einem Baby der Fall ist, das nicht in den Brutkasten muss. Dabei solltest du dir immer wieder vor Augen führen, dass es auf keinen Fall ein Ding der Unmöglichkeit darstellt, eine gute Bindung zu deinem Baby in einer solchen Situation aufzubauen.

Faktoren, die die Bindung zunächst einmal erschweren könnten, sind unter anderem die Folgenden:

- Dein Baby braucht eine intensivmedizinische Versorgung.
- Die Monitore, die Kabel und die Schläuche des Brutkastens befinden sich zwischen dir und deinem Baby.
- Möglicherweise muss dein Baby sogar in eine andere Spezialklinik verlegt werden.

Ja – das ist schwer zu ertragen.

Nein – es ist nicht schön, das Baby nicht direkt bei dir zu haben, vor allem wenn du es als Mutter die ganze Schwangerschaft hinweg bei dir hattest und unter deinem Herzen getragen hast.

Selbst wenn es dir in einer solchen Situation nicht leichtfällt, eine positive Sichtweise zu haben, fokussiere dich darauf, dass dieser Brutkasten deinem Baby unter Umständen das Leben rettet und seine gesunde Entwicklung ermöglicht. Es ist wichtig, ihn nicht als Grund für einen etwas erschwerten Bindungsprozess, sondern als Lösung für das Überleben und die Förderung deines Kindes zu sehen. Jede Medaille hat ja zwei Seiten.

Was die Bindung angeht, solltest du dir zudem darüber bewusstwerden, dass es nicht nur die beiden Optionen „entweder" und „oder" gibt. Es heißt also nicht: Entweder du baust eine Bindung zu deinem Baby auf oder nicht". Verpasse auf keinen Fall die Möglichkeit, den Grundstein für das Urvertrauen und eine vertrauensvolle Beziehung mit deinem Kind zu legen.

Um eine Bindung zu deinem Baby aufbauen zu können, hast du also verschiedene Möglichkeiten, die dir genau dabei helfen:

1) Das „Kangarooing" (Kängaruhen)

Die erste und sehr wichtige Option, die du hast, um eine Bindung zu deinem Baby aufzubauen, wenn es sich im Brutkasten befindet, stellt das sogenannte „Kangarooing" dar.

Keine Sorge – du musst dich nicht in Krankenhäusern dafür einsetzen, dass du dieses mit deinem Baby betreiben darfst. Das Personal in den Kliniken hat in der Regel selbst Interesse daran, die Bindung zwischen dir und deinem Baby zu stärken, und wird dir somit viele unterschiedliche Möglichkeiten anbieten. Bedenke immer, dass das Personal in der Klinik mit dir zusammenarbeitet und nicht gegen dich gerichtet ist. Dies gilt auch dann, wenn es so schwer ist, dein Baby in dem Brutkasten zu sehen und es nicht bei dir zu haben.

Unter dem „Kangarooing" versteht man das Kuscheln mit dem Baby. Dafür nimmst du dein Baby aus dem Inkubator und legst es dir unbekleidet auf deine nackte Brust. Sowohl bei dir als auch bei deinem Baby erfolgt durch diesen Hautkontakt eine große und wichtige Ausschüttung des Hormons „Oxytocin". Dieses fördert bei Müttern nicht nur den Milchfluss, sondern unterstützt sowohl bei Eltern als auch bei Kindern die Entspannung und das Wohlbefinden.

Neben diesen positiven Effekten, die das „Kangarooing" mit sich bringt, kann bei dem Baby auch festgestellt werden, dass diese Bindungs-Methode zu:

- einer regelmäßigen Atmung,
- ruhigeren Herztönen und
- einem tieferen und deutlich entspannteren Schlaf

führt. Dies wiederum deutet darauf hin, dass dein Baby die intensive Körpernähe, die es durch das „Kangarooing" zu dir hat, in vollen Zügen genießt. Studien und Untersuchungen zeigen in diesem

Zusammenhang, dass Babys, die regelmäßig den Haut-auf-Haut-Kontakt zu ihren Eltern haben, eine schnellere Bindung zu den Eltern aufbauen und auch besser und schneller zunehmen. Nicht selten gelingt es sogar, dass die Mutter das Baby stillen kann.

2) Beobachte dein Baby und lerne es kennen

Zu der Bindung zu deinem Baby gehört nicht nur der körperliche Kontakt. Auch die emotionale Bindung spielt eine sehr wichtige Rolle. Diese basiert unter anderem darauf, das eigene Baby zu kennen und seine Körpersprache kennenzulernen. Indem du dein Baby beobachtest – auch wenn es im Brutkasten liegt –, lernst du es sehr viel besser mit all seinen Wünschen und Bedürfnissen kennen und kannst somit sein Verhalten deuten. Das hilft dir nicht nur in Bezug auf die emotionale Bindung zu deinem Baby, sondern kann auch möglichen Ängsten und Sorgen den Wind etwas aus den Segeln nehmen.

3) Übernehme die Pflege deines Baby

Keine Frage – es ist nicht leicht, dabei zuzusehen, wie sich das Pflegepersonal im Krankenhaus um die tägliche Pflege deines Babys kümmert. Schließlich war das mitunter etwas, worauf du dich die ganze Schwangerschaft hinweg gefreut hast. Das Wickeln deines Babys, das Baden und das Eincremen – alltägliche Dinge, die sich nach und nach fest in deinen Alltag einbinden werden, anfangs jedoch etwas ganz Besonderes darstellen.

Diesbezüglich ist es für dich wichtig, dich aktiv mit in die Pflege deines Babys einbinden zu lassen. Oft sehen vor allem Frühchen so zerbrechlich aus. Doch, an und für sich sind sie sehr robust und

„elterngeprüft". Habe keine Hemmungen davor, dein Baby zu pflegen, zu füttern und zu waschen. Im Zweifelsfall wende dich vertrauensvoll an das Pflegepersonal.

Ein großes Problem, das dir dabei vielleicht im Weg stehen wird, sind die Selbstzweifel:

- Eigentlich müsste ich das wissen.
- Was bin ich für eine Mutter/ein Vater, die/der Angst davor hat, das Baby anzufassen?
- Warum kann ich das nicht?

Diese Selbstzweifel und Schuldgefühle entsprechen nicht der Realität. Es ist ein berechtigter Schock, wenn das eigene Baby in den Brutkasten muss. Zudem ist es vollkommen natürlich, dass du nur das Beste für dein Kind willst und ihm keinen Schaden zufügen möchtest. Spreche am besten mit dem Personal vor Ort über deine Ängste. Das kann dir am besten dabei helfen, sie zu überwinden und dir zu erklären, wie robust Babys wirklich sind.

4) Spreche mit deinem Baby

Babys können nach der Geburt noch nicht wirklich gut sehen, dafür aber umso besser hören. Aus der Zeit in dem Bauch der Mutter erinnert sich dein Baby außerdem an deine Stimme, kann sie somit zuordnen und mit Vertrautheit in Verbindung bringen.

Untersuchungen in Bezug auf Frühchen haben zudem festgestellt, dass die Babys oft sehr positiv auf die Stimmen der Eltern reagieren. Deshalb ist es für dich umso wichtiger, so viel wie möglich mit deinem Baby zu sprechen. Auch wenn du es vielleicht nicht die ganze Zeit auf deinem Bauch halten kannst, weil es durch den Brutkasten bestimmte medizinische Versorgung erhält, kannst du mit ihm sprechen, ihm vorsingen oder – für die Zeit, in der du vielleicht nicht bei deinem Baby sein kannst – deine Stimme auf einer CD aufnehmen und das Personal vor Ort darum bitten, deinem Baby deine Stimme vorzuspielen. Selbst dein Herzschlag kann dabei helfen, dein Kind zu beruhigen.

5) Die Bindung zu anderen Personen akzeptieren

Es ist vollkommen normal, dass du als Elternteil gemeinsam mit dem anderen Elternteil zu den wichtigsten Bezugspersonen im Leben eures Babys gehörst. Doch, wenn dein Baby im Brutkasten liegt, ist es durchaus üblich, dass es auch eine Bindung zum Personal aufbaut, das sich um sein Wohlergehen und seine medizinische Versorgung kümmert.

Sehe diese Bindung auf keinen Fall als Konkurrenz, sondern als Bereicherung an. Sicherlich ist es anfangs vielleicht schwer zu akzeptieren, dass dein Baby eine Bindung zu anderen Menschen aufbaut. Doch, es wird deinem Baby den Aufenthalt in der Klinik erleichtern und auch dir dabei helfen, die Situation zu akzeptieren. Wenn du weißt, dass sich dein Baby wohlfühlt und dass es sich in der Klinik in guten Händen befindet, wirst auch du sehr viel entspannter sein.

Wie du also siehst, mag zwar durchaus ein Unterschied bezüglich der Bindung bei Babys, die im Brutkasten sind, und Babys, die nicht in den Brutkasten müssen, bestehen. Der Weg der Bindung mag sich jeweils anders gestalten. Doch, es stellt auf keinen Fall ein Ding der Unmöglichkeit dar, in einer solchen Situation eine Bindung zwischen dir und deinem Baby aufzubauen. Jede Familie hat ihren eigenen Weg und viele Straßen führen nach Rom. Du wirst gemeinsam mit deinem Baby die passende und somit eure eigene individuelle Straße zur Bindung, zum Urvertrauen und zu den zahlreichen positiven Effekten, die mit diesem einhergehen, finden.

Kann ich verlorene Bonding-Zeit jemals aufholen?

Wenn dein Baby für einige Zeit in den Brutkasten muss, weil es als Frühchen auf die Welt gekommen ist, oder wenn du nach der Geburt Probleme mit deiner emotionalen Bindung hast (was im Übrigen nichts mit deiner Qualität als Elternteil zu tun hat), kann es sein, dass das Bonding in der Anfangszeit etwas unter diesen Umständen leidet. Einige Mütter können in der Anfangszeit manchmal sogar gar nichts für ihr Baby empfinden. Das heißt aber nicht, dass das Bonding nicht nachträglich möglich ist und dass Eltern die Bindung mit ihrem Baby nicht aufholen können.

Durch die Tipps, die du im obigen Kapitel erhalten hast, kannst du dich auf die Runde 2 des Bondings machen und somit trotz der verlorenen Anfangszeit eine gute Bindung zu deinem Baby aufbauen.

Was kann ich tun, damit mein Kind keine frühe Bindungsstörung entwickelt?

Du weißt nun bestens über die Wichtigkeit der Bindung zu deinem Kind Bescheid und solltest also auf jeden Fall sicherstellen, dass es durch das Bonding das Urvertrauen entwickelt, das ihm das Leben erheblich erleichtert.

Viele Menschen gehen davon aus, dass Bindungsstörungen nur deswegen entstehen, weil kein oder kein ausreichendes Bonding nach der Geburt und innerhalb der ersten Lebensjahre zwischen den Eltern und dem Kind stattfindet. Sicherlich mag das mitunter ein Grund für eine Bindungsstörung sein. Doch, selbst wenn Babys und Kleinkinder über das Urvertrauen zu ihren Bindungspersonen verfügen, kann es unter bestimmten Bedingungen zu Bindungsstörungen kommen.

Um zu verhindern, dass dein Baby eine Bindungsstörung entwickelt, ist es wichtig zu wissen, welche Faktoren eine solche Bindungsstörung begünstigen können:

- Häufiges Wechseln der Umgebung und der Betreuung. Dein Baby braucht Sicherheit und Stabilität, was auch auf die Räumlichkeiten zutrifft, in welchen es sich aufhält. Mehr als die Räumlichkeiten spielen aber natürlich die Personen, die sich um das Baby kümmern, eine wichtige Rolle.

- Belastungen in der Form von Armut und Arbeitslosigkeit, die den Eltern zu schaffen machen. Oft neigen sie dazu, sich von dem Stress und den Sorgen übermannen zu lassen. Das wiederum kann darin resultieren, dass sie sich nicht angemessen auf das Baby und seine Bedürfnisse einlassen können.

- Psychische Erkrankungen der Bindungsperson, die sich aufgrund dieser Krankheit nicht ausreichend um das Bonding kümmern kann.

- Zu schnelle abrupte Trennung des Babys von der Bezugsperson. Das ist auch der Grund dafür, dass viele Eltern der frühkindlichen Betreuung in den ersten drei Lebensjahren kritisch gegenüberstehen. Solltest du dich für die Betreuung entscheiden, achte immer auf eine sanfte Eingewöhnung sowie Erzieher, mit welchen dein Kind klarkommt, und sehe dir vor allem die Einrichtung vorher gründlich an.

- Trennungen ohne eine alternative Bezugsperson, mit der das Baby bereits vertraut ist. Stelle immer sicher, dass eine andere Bezugsperson zur Verfügung ist, wenn du dich von deinem Baby für eine kurze Zeit trennen musst. Babys und Kinder haben kein Zeitgefühl und wissen nicht, dass du „gleich" wiederkommst. Für sie fühlt es sich in diesem Moment einfach so an, als ob du sie verlassen hättest. Das führt zu großem Stress und kann auf Dauer in Bindungsstörungen resultieren.

Entwicklung des Babys

Vor allem innerhalb des ersten Lebensjahres durchlaufen Babys eine sehr große und schnelle Entwicklung. Es hat viele sogenannte Wachstumsschübe, bei welchen das Baby entweder physisch in der Größe wächst oder mentale Fortschritte macht. Das kostet natürlich viel Energie und Kraft, sodass Babys, sofern sie einen großen Fortschritt in ihrer Entwicklung machen, nicht selten quengelig sind und etwas mehr Schlaf brauchen. Wie sieht diese große Entwicklung nun wirklich aus? Viele Eltern wissen über die größten Meilensteine im ersten Lebensjahr Bescheid. Zu ihnen gehören unter anderem:

- das erste Drehen,
- das erste Krabbeln,
- der erste Zahn,
- das erste Mal alleine Sitzen,
- der erste Schritt und
- das erste Wort.

Was gehört noch alles zu der Entwicklung des Babys innerhalb des ersten Lebensjahres?

Behalte nun im Laufe der kommenden Unterkapitel und der dortigen Darstellungen stets im Hinterkopf, dass es sich ausschließlich um Orientierungen handelt. Jedes Kind ist in seinem Dasein und seiner Entwicklung vollkommen einzigartig und unterscheidet sich somit auch in der Geschwindigkeit seiner Entwicklung. Verzichte auf jeden Fall darauf, dein Kind mit anderen Kindern und ihrem Entwicklungsstand zu vergleichen, sondern nehme es so an, wie es ist. Dein Kind ist so gut und

genau richtig. Bei der Entwicklung handelt es sich nicht um einen Wettbewerb, sondern um einen wundervollen Prozess, bei der aus einem kleinen Samen in der Erde nach und nach eine wundervolle Blume wächst. Schätze diese Blume und dränge sie nicht dazu, schneller zu wachsen. Jede Blume blüht zu anderen Zeiten und wächst unter anderen Bedingungen am besten. Lasse dich auf dein Kind ein und erlebe seine persönliche Entwicklung in seinem individuellen Tempo.

Die körperliche Entwicklung des Babys

Wie du nun schon weißt, spielt sich die Entwicklung deines Babys nicht nur auf geistiger, sondern auch auf körperlicher Ebene ab, weshalb es erst einmal interessant ist zu wissen, inwiefern sich die Körpergröße und auch das Gewicht deines Babys von Monat zu Monat bis hin zu seinem ersten Geburtstag ändert.

1) Die Entwicklung der Körpergröße

Alter deines Babys	Durchschnittliche Körpergröße
0 bis 1 Monat	40 bis 50 cm
1 bis 2 Monate	51 bis 56 cm
2 bis 3 Monate	57 bis 62 cm
3 bis 6 Monate	63 bis 68 cm
6 bis 9 Monate	69 bis 74 cm
10 bis 12 Monate	75 bis 80 cm

Behalte dabei im Hinterkopf, dass Kleidung immer anders ausfallen kann und du dich somit am besten nicht nur an der angegebenen Konfektionsgröße orientierst, sondern direkt prüfst, ob das Kleidungsstück deinem Baby passt oder nicht – egal was für eine Zahl draufsteht.

2) Die Entwicklung des Kopfumfangs

Mit zu der körperlichen Entwicklung deines Babys gehört auch das Wachstum seines Kopfes und der im Zusammenhang damit stehende, zunehmende Kopfumfang. Dieser spielt eine wichtige Rolle, um die passenden Mützchen zu finden.

Alter deines Babys	Kopfumfang (Mützengröße)
0 bis 1 Monat	35 bis 37 cm
1 bis 2 Monate	37 bis 39 cm
2 bis 3 Monate	39 bis 41 cm
3 bis 6 Monate	41 bis 43 cm
6 bis 9 Monate	43 bis 45 cm
10 bis 12 Monate	45 bis 47 cm

3) Die Entwicklung des Körpergewichts

Das Körpergewicht steigt mit zunehmendem Alter des Babys, wobei du dich unter anderem an den folgenden Durchschnittswerten orientieren kannst:

Alter deines Babys	Gewicht
1 Monat	Zwischen 4.200 und 4.500 Gramm
2 Monate	Zwischen 5.100 und 5.600 Gramm
3 Monate	Zwischen 5.800 und 6.400 Gramm
4 Monate	Zwischen 6.400 und 7.000 Gramm
5 Monate	Zwischen 6.900 und 7.500 Gramm
6 Monate	Zwischen 7.300 und 7.900 Gramm
7 Monate	Zwischen 7.600 und 8.300 Gramm
8 Monate	Zwischen 7.900 und 8.600 Gramm
9 Monate	Zwischen 8.200 und 8.900 Gramm
10 Monate	Zwischen 8.500 und 9.200 Gramm
11 Monate	Zwischen 8.700 und 9.400 Gramm
12 Monate	Zwischen 8.900 und 9.600 Gramm

Welche Fähigkeiten werden in welchem Alter erwartet?

Die Entwicklung deines Babys wird – je nach Lebensmonat – von bestimmten Meilensteinen geprägt. Wie bereits erwähnt, dienen diese Meilensteine als Orientierung. So kann es beispielsweise sein, dass einige Babys gar nicht robben und direkt krabbeln oder weder robben noch krabbeln und sich direkt im Laufen üben. Dein Baby kennt diese Tabellen und Meilensteine nicht und wird sie auch nicht Punkt für Punkt abarbeiten. Das ist mehr als in Ordnung!

1) Erster Monat

Der erste Lebensmonat deines Babys zeichnet sich unter anderem durch die folgenden Aspekte aus:

- Dein Baby verbringt sehr viel Zeit mit Essen und Schlafen.
- Du baust eine Bindung zu deinem Baby auf.
- Vielleicht schenkt dir dein Baby sogar sein erstes Lächeln. Neugeborene lächeln sehr oft unbewusst. Es handelt sich um das Reflexlächeln, das sich vor allem im Schlaf auf den Lippen deines Babys bildet und auch die Bezeichnung „Engelslächeln“ trägt. Bewusst Lächeln können die meisten Babys zum Ende des ersten oder zum Anfang des zweiten Lebensmonats.
- Dein Baby wird nach der Geburt etwas an Gewicht verlieren, das es dann jedoch durch die Nahrung wieder aufholt.
- Im ersten Monat wächst dein Baby durchschnittlich ganze 5 cm.
- Dein Baby weist die Reflexe auf, die du im oberen Kapitel genauer kennengelernt hast.
- Dein Baby bewegt sich noch nicht viel und bleibt in der Regel so liegen, wie du es hinlegst.
- Der Geruchs-, Geschmacks- und Tastsinn deines Babys sind sehr stark ausgeprägt.
- Du kannst die Aufmerksamkeit deines Babys mit einer Rassel, einem Glöckchen oder anderen Geräuschen auf dich ziehen.

- Dein Baby merkt bereits, wenn es zu kalt ist, und reagiert darauf oft mit Zappeln und vermehrten Bewegungen.
- Dein Baby hat bereits ein emotionales Gedächtnis und nimmt mehr wahr, als du vielleicht im ersten Moment annimmst. So hat es bereits eine Erwartungshaltung.
- Grundemotionen wie Neugier, Wohl- und Unbehagen, Erschrecken und Eckel gehören mit zu deinem Baby dazu.
- Das Bonding – die Bindung zwischen dir und deinem Baby – spielt in dieser Zeit eine fundamentale Rolle.

2) Zweiter Monat

Der zweite Lebensmonat deines Babys umfasst unter anderem die folgenden Aspekte:

- Dein Baby ist nun offiziell kein Neugeborenes mehr, sondern ein Baby.
- Zum ersten Mal macht dein Baby Versuche, sein Köpfchen anzuheben. Unter Umständen kann es sein Köpfchen auch schon drehen.
- Du wirst merken, wie dein Baby versucht, bewusst Kontakt zu dir aufzunehmen.
- Dein Baby schenkt dir ein bewusstes Lächeln und gibt erste Laute von sich.
- Dein Baby wächst konstant weiter.
- Bewegungsabläufe erfolgen sehr viel flüssiger.
- Seine Hände hält dein Baby nicht mehr ständig zu Fäusten geballt, sondern es öffnet sie langsam, sodass es für eine kurze Zeit einen Greifring oder andere Gegenstände halten kann.

- Dein Baby nimmt seinen Körper etwas genauer wahr und ist allgemein sehr aktiv, in dem es mit den Armen rudert und mit den Beinen strampelt.
- Dein Baby hat nun auch Ehrgeiz und möchte neue Fähigkeiten entdecken.
- Während dein Baby auf dem Rücken legt, findet es Objekte und Lichtquellen in seiner Umgebung sehr interessant.
- Der Gehörsinn deines Babys ist voll entwickelt. Es kann sein, dass es sehr geräuschempfindlich ist.
- Dein Baby ist sehr viel aktiver, schläft etwas weniger und zeichnet sich durch eine größere Aufnahmefähigkeit aus.
- Dein Baby nimmt deine Reaktion auf sein Lächeln wahr und wird auch dein Lächeln erwidern, wenn du es anlächelst.
- Es kann durch Blickkontakt und Mimik sowie Lallen versuchen, mit dir in Kontakt zu treten.

3) Dritter Monat

Im dritten Monat macht dein Baby einen weiteren sehr großen Entwicklungsschub:

- Es entdeckt seine Hände und spielt mit ihnen. Es bereitet sich nach und nach auf das bewusste Greifen vor.
- Oft kann dein Baby sein Köpfchen schon alleine halten und es somit kontrollieren.
- Die Stimme dient als spannendes Instrument, mit dem dein Baby spielt und somit verschiedene Geräusche von sich gibt.

- Durch den Babyspeck verändert sich die Gesichtsform deines Babys. Es wird runder und allgemein weicher.
- Das Bewusstsein deines Babys wächst und es kann sich durch sein Erinnerungsvermögen auch bereits an Dinge erinnern.
- Wenn sich dein Baby für einen Gegenstand interessiert, wird es den Blick nicht mehr von ihm lösen können.
- Babys sind in dem Alter von Gesichtern fasziniert und versuchen unter anderem Ausdrücke auf den Gesichtern zu deuten.
- Dein Baby kann viele Gefühle ausdrücken. Dazu gehören neben Freude und Neugier auch Enttäuschung und Wut.
- Dein Kind kann unter Umständen unruhig werden, wenn es sich bei anderen unbekannten Menschen und nicht bei seiner Bezugsperson befindet.
- Unter Umständen kann sich dein Baby jetzt schon gut selbst regulieren.
- Dein Baby ist länger wach und liebt die Interaktion mit seinen Bezugspersonen.
- Betonungsmuster in deiner Stimme kann dein Baby inzwischen erkennen.

4) Vierter Monat

- Im vierten Monat entdeckt dein Baby seine Umwelt weiterhin und macht somit viele Fortschritte: Es kann durchaus vorkommen, dass es anfängt, zu zahnen.
- Dein Baby erkundet weiterhin mit seinen Händen und seinem Mund seine Umwelt.
- Der eigene Wille deines Babys zeigt sich immer mehr.

- Nach und nach lässt der angeborene Greifreflex nach und dein Baby greift sehr viel bewusster nach Gegenständen, die es auch inzwischen gut festhalten kann.
- Sein Köpfchen kann dein Baby nun sicher halten.
- Durch das Drücken der Beine nach unten, sofern es festen Boden unter ihnen spürt, trainiert es sich bereits für das spätere Stehen und Laufen.
- Geräuschquellen, für die sich dein Baby interessiert, wendet es sich aktiv zu.
- Dein Baby kann dich nun aus der Ferne erkennen, weil sich sein Sehsinn noch mehr verbessert hat.
- Dein Baby kann seine Aufmerksamkeit von Objekten lösen und sich stattdessen anderen Reizen widmen.
- Frust kann dein Baby inzwischen sehr gut erkennen und ausleben.
- Dein Baby lenkt seinen Fokus vor allem auf die Mundpartie der Menschen, die mit ihm kommunizieren.
- Es findet ein gegenseitiger Austausch zwischen dir und deinem Baby statt. Es versucht, Gespräche zu imitieren, und antwortet in seiner Babysprache auf Dinge, die du ihm sagst.

5) Fünfter Monat

Der fünfte Monat ist geprägt von der Entwicklung deines Babys zu seiner eigenen Persönlichkeit und wird durch weitere spannende Meilensteine begleitet:

- Dein Baby kann mit seinen beiden Händen greifen.
- Durch die Entwicklung seiner Persönlichkeit weiß dein Baby genau, was es will und was es nicht mag.

- In seinem Alltag spielen die Reflexe immer weniger eine Rolle und es erkundet seine Umwelt stattdessen bewusst durch gewolltes Greifen und Halten.
- Sein Geburtsgewicht hat dein Baby in der Regel verdoppelt.
- Dein Baby weist in vielen Fällen schlankere Gesichtskonturen auf.
- In der Bauchlage kann dein Baby sein Köpfchen nun über längere Zeit hinweg halten.
- Inzwischen kann es verschiedene Tonlagen unterscheiden und Stimmen – ohne das Gesicht der Person zu sehen – zuordnen.
- Es findet das – für Eltern oft recht anstrengende – Spiel der Schwerkraft statt. Dcin Baby mcrkt, dass cs Dingc runtcrschmcißen kann und dass diese zu Boden fallen. Das ist lustig und sorgt für große Begeisterung bei deinem Baby.
- Es zeigt ganz klar, was es will, und drückt nicht nur seinen Willen, sondern auch seine Emotionen aus.
- Unter Umständen fängt dein Baby an, zu fremdeln.
- Dein Baby übt sich in lauten, leisen, hohen und tiefen Tönen, die es auch mit in den Dialog zu dir einbindet.
- Im fünften Monat nutzen Babys in der Regel sehr gerne das stimmhafte Lachen, das bei Eltern das Herz höherschlagen lässt.

6) Sechster Monat

Der sechste Monat gibt in der Regel den Startschuss für die Beikost (in Form von Brei oder BLW – also das Mitessen des Babys vom Familientisch), bringt aber auch viele weitere Veränderungen mit sich:

- Dein Baby kann sich nun vom Bauch auf den Rücken und vom Rücken auf den Bauch drehen. Einige Babys fangen sogar schon an, zu krabbeln!
- Bei vielen Babys macht sich der erste Zahn sichtbar. Das kann durchaus dazu führen, dass das Zahnfleisch juckt, spannt oder schmerzt. Deshalb können viele Babys quengelig werden, schlecht schlafen und viel weinen.
- Auch aus der Bauchlage heraus kann dein Baby nun nach Gegenständen greifen.
- Erste selbstständige Trinkversuche starten, da dein Baby einen Trinkbecher durch den ausgeprägten Greifsinn inzwischen gut halten kann.
- Dein Baby hat Spaß daran, durch Rasseln oder andere Gegenstände Geräusche zu produzieren.
- Nach und nach öffnet sich dein Baby auch anderen Personen gegenüber. Die wichtigsten Bezugspersonen in seinem Leben sind jedoch weiterhin die Eltern.
- Seine Umwelt nimmt dein Baby nun noch intensiver wahr und es erfreut sich unter anderem darauf, Sachen in der Ferne zu beobachten.
- Dein Baby ahmt dich in vielen Dingen nach.
- Nach und nach wird dein Baby seinen Finger nutzen, um auf Dinge zu zeigen, die es interessieren und die es in seiner Umgebung entdeckt hat.
- Dein Baby versteht erste kurze Sätze.

7) Siebter Monat

Das Sitzen steht im siebten Monat im Mittelpunkt der Entwicklung deines Babys, wobei natürlich auch viele weitere spannende Aspekte eine fundamentale Rolle spielen:

- Du wirst immer mehr den persönlichen Charakter deines Babys erkennen, der sich immer weiter herauskristallisiert.
- Dein Baby krabbelt und kann sich selbst halten, wenn es sitzt.
- Du wirst wahrscheinlich feststellen, dass dein Baby eine Lieblingsseite hat, wenn es sich vom Rücken auf den Bauch und von dem Bauch auf den Rücken dreht.
- Da sich der Sehsinn weiterentwickelt hat, nimmt dein Baby nun auch Abstufungen in der Helligkeit wahr.
- Mit Hilfe seiner Hände beobachtet dein Baby Gegenstände in seiner Umwelt umfangreich. Es bewegt sie hin und her und erkundet sich somit von allen Seiten.
- Unter Umständen wirft dein Kind Gegenstände und schlägt sie gegeneinander.
- Ihr eigenes Spiegelbild sorgt bei Babys in diesem Alter für eine große Begeisterung.
- Dein Baby zeigt dir ganz klar seine Zuneigung, indem es sich an dich kuschelt oder mit seiner Stimme und seiner Mimik auf dich reagiert.
- Dein Baby kennt seinen Namen und reagiert auf ihn.
- Auch das Wort „Nein“ versteht dein Baby bereits. Nutze das Wort jedoch nicht zu oft, damit es nicht seine Wirkung verliert.
- Das Familienleben interessiert dein Baby sehr und es möchte gerne aktiv mit eingebunden werden.

8) Achter Monat

Die meisten Babys fangen in diesem Monat an, zu robben und zu krabbeln. Zu derselben Zeit kommen sie nicht selten in die Fremdel-Phase und brauchen aus diesem Grund ganz besonders viel Nähe, Zuwendung und Geborgenheit von den Bezugspersonen. Ferner zeichnet sich der achte Lebensmonat durch die folgenden Meilensteine aus:

- Unter Umständen krabbelt dein Baby nicht nur, sondern zieht sich auch bereits an Gegenständen hoch und übt sich somit im Stehen.
- Wenn es wach ist, ist dein Baby ständig aktiv und übt sich fleißig im Robben und Krabbeln.
- Da das Schmerzempfinden bei Babys noch nicht vollkommen ausgebildet ist, kann es sein, dass es zeitverzögert mit Weinen oder Schreien auf einen kleinen Unfall reagiert.
- Dein Baby kann dich gut von anderen Personen unterscheiden.
- Um nach bestimmten Gegenständen zu greifen, kann dein Baby nun auch andere Dinge nutzen – wenn ein Kuscheltier beispielsweise auf einer Decke liegt, wird es an der Decke ziehen, um zu dem Kuscheltier zu gelangen.
- Du bist für dein Baby der sichere Anker und es wird ständig deine Nähe suchen.
- Dein Baby hat nun schon einen Sinn für Humor und kann zwischen ernsten und nicht ernsten Situationen unterscheiden.
- Das gemeinsame Lachen mit deinem Baby spielt für seine Entwicklung eine wichtige Rolle.

- Dein Baby hat sprachliche Fortschritte gemacht und kann somit die ersten Silben bilden. Das führt zu der sogenannten „Lallphase", in der dein Baby Silben aneinanderreiht.

9) Neunter Monat

Dein Baby macht inzwischen krabbelnd die Wohnung unsicher und weist auch weitere interessante Punkte bezüglich seiner Entwicklung auf:

- Dein Baby hat Freude an Ausflügen, bei welchen es seine Umwelt besser erkunden und genauer kennenlernen kann.
- In seinem Gesicht sieht dein Baby ganz anders aus als vor ein paar Monaten, was an den deutlich schlankeren Konturen liegt.
- Inzwischen kann dein Baby frei sitzen und seine Hände nutzen, um Gegenstände festzuhalten.
- Die Feinmotorik ist bereits besser ausgebildet, sodass dein Baby auch nach kleinen Gegenständen greifen und Lebensmittel selbst zum Mund führen kann.
- Nach und nach lernt dein Baby, dass Objekte andere Beschaffenheiten haben und unterschiedlich viel wiegen.
- Dein Baby hat eine bessere Merkfähigkeit und kann auch besser Zusammenhänge erkennen. Somit weiß es nun, dass Dinge, nur weil sie nicht mehr sichtbar sind, nicht automatisch weg sind.
- Silbenketten prägen die Laute, die dein Baby von sich gibt. Es nutzt sie, um mit dir zu kommunizieren.

10) Zehnter Monat

Dein Baby hat im zehnten Monat einen sehr ausgeprägten Bewegungsdrang und entwickelt sich weiterhin, aus körperlicher und geistiger Sicht gesehen, konstant weiter:

- Vielen Babys fällt es leichter, sich für eine kurze Zeit von den Bezugspersonen zu lösen.
- Dein Baby kann nun nicht mehr nur einen Becher mit zwei Händen halten, sondern auch den Henkel eines Bechers festhalten und ihn so an den Mund führen. Auch einen Löffel kann es gut halten und zu seinem Mund führen.
- Geräusche und bunte Farben treffen bei deinem Baby auf eine große Begeisterung.
- Da dein Baby immer sicherer in seinen Bewegungen ist und weil es über eine bessere Körperbeherrschung verfügt, kommt es seltener zu Unfällen.
- Durch die sensiblen Geschmacksnerven kann dein Baby ganz genau zwischen Lebensmitteln unterscheiden und bestimmen, welche Lebensmittel es mag und welche nicht.
- Dein Baby versteht nicht nur das Wort „Nein", sondern nutzt es auch für sich, um seinen Willen durchzusetzen.
- Die Interaktion mit anderen Kindern ist für dein Baby nun durchaus interessant.
- Eine Kommunikation mit dir und mit der Umwelt deines Babys erfolgt vor allem durch Emotionen und körperliche Signale.

11) Elfter Monat

Die ersten eigenen Schritte prägen in der Regel diesen Lebensmonat und dein Baby übt fleißig das freie Laufen, indem es sich an einzelnen Objekten und Gegenständen entlanghangelt. Zudem fällt es ihm durch das Urvertrauen, das du zu ihm aufgebaut hast, leichter, sich etwas von dir zu trennen und sich auf spannende Entdeckungsreisen zu begeben. Weitere wichtige Meilensteine im 11. Monat stellen die Folgenden dar:

- Trotzreaktionen schleichen sich nach und nach in den Alltag ein.
- Dein Baby versteht inzwischen ein klares „Nein".
- Indem dein Baby seinen Körperschwerpunkt immer wieder zur Seite verlagert, trainiert es seinen Gleichgewichtssinn.
- Entfernungen kann dein Baby nun sehr viel besser abschätzen, bevor es nach bestimmten Dingen greift.
- Vor allem zu diesem Zeitpunkt weist dein Baby einen sehr großen Nachahmungstrieb auf und du wirst es dabei erwischen, wie es dich in deinen Handlungen und auch Bewegungsabläufen immer mehr imitiert. Lasse zu, dass es dir dabei hilft, Töpfe aus dem Schrank zu holen oder Wäsche in die Waschmaschine zu stecken.
- Nicht selten ruft die rasante Entwicklung bei deinem Baby Unsicherheit hervor, was wiederum zu Anhänglichkeit führen kann.
- Das Wort „Da" stellt ein Wort dar, welches zu diesem Zeitpunkt nicht selten in den Wortschatz deines Babys eingezogen ist.

12) Zwölfter Monat

Der erste Geburtstag steht an! Das erste Lebensjahr deines Babys ist vorbei und du kannst es kaum glauben, dass die Zeit so schnell vergangen ist. Dein Baby steht kurz davor, ein Kleinkind zu werden. Das bringt natürlich weitere wichtige Meilensteine bezüglich der Entwicklung mit sich:

- Dein Baby macht seine ersten freien Schritte.
- Die ersten richtigen Worte rollen über seine Zunge.
- Seinen Wünschen und Vorstellungen kann dein Baby inzwischen sehr gut Ausdruck verleihen.

- Der Kopf deines Babys scheint im Vergleich zum Rest des Körpers nun nicht mehr so groß zu sein.
- Dein Baby sucht aktiv nach Dingen, an denen es sich für seine Laufversuche festhalten kann.
- Treppenstufen rufen in deinem Baby eine sehr große Faszination hervor.
- Dein Baby kann sich inzwischen ganz gezielt in die Richtung drehen, aus der es ein bestimmtes Geräusch vernimmt.
- Der Geschmack deines Babys kann sich ändern, weshalb du auch gerne Lebensmittel anbieten darfst, die es vorher nicht mochte.
- Da dein Baby inzwischen weiß, wie sich bestimmte Gegenstände anfühlen, verspürt es nicht mehr den starken Drang danach, alles in den Mund zu stecken.
- Dein Baby kann nun aktiv nach Dingen suchen, wenn sie sich außerhalb seines Blickfeldes befinden.
- Durch gesammelte Erfahrungen weiß dein Fast-Kleinkind inzwischen, dass Gegenstände einen Schwerpunkt haben und somit ein Turm umfällt, wenn es die Klötze nicht richtig aufeinanderstapelt.
- Dein Baby hat seinen eigenen Geschmack, mag vielleicht bestimmte Lieder und kann sich gut an Melodien erinnern.
- Das Repertoire an Emotionen deines Babys ist recht groß und es kann diesen Emotionen Ausdruck verleihen.
- Das Vertrauen deines Babys ist so groß, dass es weiß, dass du wieder kommst, wenn du kurz den Raum verlässt.
- Dein Baby will immer mehr lernen und sich weiterentwickeln.

- Das erste „Mama“, „Papa“ oder ein anderes erstes Wort zaubert dir ein Lächeln ins Gesicht. Nach und nach baut dein Baby einen kleinen Wortschatz auf.

Wie kann ich mein Baby bei seiner Entwicklung unterstützen?

Wenngleich es sich bei der Entwicklung deines Babys um einen vollkommen natürlichen Prozess handelt, ist es wichtig, es zu unterstützen und zu fördern. Zunächst einmal steht in allen Monaten und auch weit über das erste Lebensjahr hinaus die Förderung des Urvertrauens und somit die Bindung zwischen dir und deinem Kind im Mittelpunkt. Sei immer für dein Kind da, schenke ihm Nähe, Liebe, Sicherheit und Geborgenheit, kommuniziere mit ihm, binde es in den Familienalltag mit ein und nehme es in seinen Wünschen, Bedürfnissen und Gefühlen wahr.

Neben dieser Grundförderung kannst du dein Baby natürlich auch basierend auf seinem Entwicklungsstand unterstützen. Dabei reagiert jedes Baby natürlich anders auf die spielerische Förderung, sodass du nach und nach durch die Beobachtung deines Babys und seiner Reaktionen feststellen wirst, was es mag und was nicht sowie welche Art der Förderung sich somit anbietet und welche eher nicht.

1) Erster Monat

- Interagiere in den Wachphasen mit deinem Baby.
- Halte Augenkontakt. Wenn dein Baby den Blick abwendet, bedeutet das in der Regel, dass es genug hat.
- Spreche sanft mit deinem Baby.
- Nutze eine Rassel, um Geräusche zu machen, und sorge so dafür, dass dein Baby seinen Kopf in die Richtung der Rassel bewegt.

- Streichele sanft über die einzelnen Körperteile deines Babys, um sein Körpergefühl zu verbessern.

2) Zweiter Monat

- Krabbele mit deinen Fingern sanft über die einzelnen Körperteile deines Babys. Für diese Zwecke kannst du auch Reime und Lieder nutzen und das Krabbeln somit begleiten.
- Kitzele dein Baby und bringe es zum Lachen.
- Streichele mit verschiedenen Materialien (Federn, Tüchern, etc.) über die Haut des Babys.

3) Dritter Monat

- Spreche viel mit deinem Baby und benutze einfache Sätze und Worte. Wiederhole Laute und Worte immer wieder.
- Halte Blickkontakt, während du mit deinem Baby sprichst.
- Ahme Laute nach, die dein Baby von sich gibt.
- Binde deinem Baby ein Armband mit Glöckchen um den Arm oder um das Fußgelenk. Dein Baby wird schnell merken, dass es durch seine eigene Bewegung dieses Geräusch hervorruft. Das unterstützt es nicht nur bezüglich des Hörens, sondern auch in Bezug auf seine eigene Körperwahrnehmung.

> **Tipp:** Wenn sich dein Baby abwendet oder sich die Augen reibt, solltest du aufhören und es nicht überfordern.

4) Vierter Monat

- Dein Baby hat an Seifenblasen große Freude und wird sie nicht nur beobachten, sondern auch nach ihnen greifen wollen.

- Schaukel dein Baby in deinem Arm hin und her oder setze dich mit ihm in einen Schaukelstuhl.
- Singe deinem Baby Lieder vor oder spreche Reime in seiner Anwesenheit.

5) Fünfter Monat

- Nehme dein Baby in den Arm, sodass es sich in einer aufrechten Position befindet. Am besten greifst du es dafür unter den Achseln. Dann kannst du es so bewegen, dass es mit seinen Füßen einen kleinen weichen Ball kickt.
- Nutze verschiedene Musikinstrumente, um Geräusche hervorzurufen.

6) Sechster Monat

- Spiele das bekannte und beliebte Spiel „Hoppe Hoppe Reiter".
- Wenn du weißt, was dein Baby besonders mag (ein bestimmtes Tier zum Beispiel), gehe mit ihm in den Zoo oder auf eine Wiese, auf der das Tier steht, und frage es danach, wo das Tier ist. Nutze dabei ganz oft den Namen des Tiers und warte darauf, dass dein Baby das Tier entdeckt.
- Singe oder spreche Reime und klatsche dabei in deine Hände. Nehme auch die Hände deines Babys und klatsche somit seine Hände.

7) Siebter Monat

- Setze dein Baby vor einen Spiegel und lasse es sich und sein Spiegelbild erkunden. Es wird auch entdecken, dass nicht nur es selbst, sondern auch Gegenstände ein Spiegelbild in ihm haben.
- Etabliere eine Abendroutine in der Form eines Gute-Nacht-Reims oder eines Liedes.

- Wenn dein Baby eine Lieblingsseite hat, lege Spielzeuge und Gegenständen, nach welchen es in der Regel greift, auf die andere Seite, um auch diese zu fördern.

8) Achter Monat

- Spiele Tauziehen mit Gegenständen und begleite dieses Spiel durch lustige Grimassen.
- Fingerspiele begleitet von Reimen erfreuen sich in diesem Lebensmonat einer sehr großen Beliebtheit und wirken sich positiv auf das Sprachverhalten sowie auf die Motorik aus.
- Mache mit deinem Baby Musik mit Alltagsgegenständen.

9) Neunter Monat

- Setze dein Baby in einen sicheren Fahrradsitz und mache gemeinsam mit ihm eine Fahrradtour, bei der es seine Umgebung gespannt entdecken und wahrnehmen kann.
- Verstecke kurz Gegenstände und lasse sie dann wieder auftauchen.
- Gebe deinem Baby einen Karton und lasse es ihn erkunden.

10) Zehnter Monat

- Schaue gemeinsam mit deinem Baby Bilderbücher an. Vor allem Bücher mit einfachen Motiven und auch Fühlbücher erfreuen sich einer sehr großen Beliebtheit.
- Klatschspiele, die auf Reimen basieren, sorgen bei Babys in dem Alter für große Begeisterung.
- Für draußen kannst du Becher mit Wasser füllen und dabei zusehen, wie dein Baby das Wasser von Becher zu Becher füllt und sich somit in der Feinmotorik übt.

11) Elfter Monat

- Besorge dir einen Spieltunnel und lasse dein Baby durch diesen hindurchkrabbeln.
- Kugelspiele erfreuen sich bei Babys einer sehr großen Beliebtheit. Sei jedoch immer mit dabei und achte auf ausreichend große Kugeln, an welchen sich dein Baby nicht verschlucken kann.
- Nutze Fingerfarben oder Wasserfarben und stelle deinem Baby auch Pinsel bereit, sodass es sich künstlerisch austoben kann. Auch Farben für die Badewanne und Malseife erfreuen sich einer großen Beliebtheit.

12) Zwölfter Monat

- Baue deinem Kind einen kleinen und sicheren Hindernisparcour aus Tunneln, Kissen und Decken, den es dann bewerkstelligen muss.
- Lasse dein Baby ausreichend große Perlen mit großen Löchern auf ein Schuhband fädeln.

Natürlich hast du hier eine kleine Auswahl vieler möglicher Förderungen. Allgemein bieten sich für die Förderung der Entwicklung und der Feinmotorik deines Babys sogenannte „Aktionstabletts" aus der Montessori-Pädagogik an. Ganz nach dem Motto „Hilf mir dabei, es selbst zu machen" lernt dein Baby durch diese selbst neue Dinge kennen. Es gibt dabei kein Richtig und kein Falsch. Zudem lernt dein Baby, am Ball zu bleiben, Frust auszuhalten und Erfolgserlebnisse zu haben. Durch die Wandelbarkeit dieser Aktionstabletts kannst du sie immer an das Alter, aber auch an die Interessen deines Babys anpassen.

Ist es gefährlich für das Kind, wenn es “zu früh” an der Hand steht? Kann dies dem Rücken oder den Gelenken an Beinen und Füßen schaden?

Oft denken Eltern, dass sie ihre Babys am besten unterstützen können, wenn sie ihnen beim Stehen helfen, indem sie sie an der Hand halten. Dasselbe gilt für das Sitzen. Viele Eltern denken, ihr Kind unterstützen zu können, in dem sie es hinsetzen, obwohl es sich selbst noch nicht halten kann.

Diesbezüglich ist es wichtig zu wissen, dass jede Bewegung und jeder Meilenstein – wie das Sitzen und das Stehen – bestimmte ausgebildete Muskelgruppen deines Kindes als Voraussetzung hat. Dazu gesellt sich die dafür notwendige Gehirnleistung, da dein Baby diese Bewegungen nicht nur körperlich bewerkstelligen, sondern auch geistig koordinieren können muss.

Im schlimmsten Fall kann ein zu frühes Stehen und Sitzen zu Haltensschäden führen. Orientiere dich immer an der Entwicklung deines Kindes und lasse zu, dass es sich anstrengt, alleine die Fortschritte macht und somit die Meilensteine erreicht. Du musst ihm nicht helfen – dein Baby darf sich anstrengen und sich dadurch körperlich und geistig weiterentwickeln.

Welche Laufhilfen sind am effektivsten?

Lauflernhilfen finden sich in unterschiedlichsten Ausführungen auf dem Markt wieder, treffen bei Experten allerdings auf keine sonderlich große Begeisterung. Zwar mögen diese auf den ersten Blick den Alltag mit Baby etwas erleichtern. Doch, vor allem die Gehfrei-Geräte (Lauflernwägen, in welche Eltern das Kind setzen können) treffen inzwischen auf eine sehr große Kritik. Denn sie sollten das Laufen-

Lernen der Babys nicht nur nicht fördern, sondern es auch in ihrer Haltung negativ beeinflussen können. Dieser Ansicht ist beispielsweise der Berufsverband der Kinder- und Jugendärzte.

Auch die Bundesarbeitsgemeinschaft „Mehr Sicherheit für Kinder e.V." warnt vor diesen Geräten, mit welchen Kinder leicht an heiße Töpfe oder andere gefährliche Gegenstände gelangen oder mit welchen sie über Türschwellen nach vorne fallen könnten.

Wenn du jedoch nicht komplett auf eine Lauflernhilfe verzichten möchtest, kannst du deinem Baby einen sogenannten Lauflernwagen kaufen. Dieser sieht wie ein kleiner Rollator aus, an dem sich dein Baby festhalten kann. Den Wagen selbst schiebt es vor sich her, während es durch die Gegend laufen kann.

Wann braucht mein Kleinkind Schuhe und sollte ich eher weiche oder eher harte Sohlen nehmen?

Wenn dein Baby seine ersten Schritte macht, stellst du dir vielleicht die Frage danach, ob und, wenn ja, welche Schuhe du ihm anziehen sollst. An und für sich solltest du immer im Hinterkopf behalten, dass es für dein Baby am natürlichsten ist, keine Schuhe zu tragen und somit barfuß oder mit Socken zu laufen. Zu Hause im geschützten Raum ist das in der Regel kein Problem. Wenn du dich mit deinem Kind jedoch nach draußen begibst, solltest du durchaus sicherstellen, die Füße deines Babys durch das passende Schuhwerk zu schützen.

Da das Barfuß-Laufen für dein Baby die natürlichste und beste Weise ist, um die ersten Schritte zu tätigen, eignen sich für die ersten Schritte im Außenbereich sogenannte Barfuß-Schuhe am besten. Im Gegensatz zu eher härteren und starren Schuhen zeichnen sich diese Barfuß-Schuhe durch eine weiche und flexible Sohle an, die sich mit ihrer Beschaffenheit bestens an den Fuß deines Babys anpasst und ihm somit das Gefühl gibt, barfuß über den Boden zu laufen. Zudem verzichten diese Schuhe auf den Unterschied bezüglich der Höhe, den andere Kinderschuhe zwischen der Ferse und dem Ballen aufweisen. Somit berücksichtigen die Barfuß-Schuhe die natürliche Anatomie des Fußes und stellen sicher, dass sich die Füße deines Babys bestens entwickeln können. Auch die Zehen genießen in den Barfuß-Schuhen sehr viel Platz und können sich so ohne Probleme bewegen, ohne sich unangenehm eingeengt zu fühlen.

Zu guter Letzt stellen die Barfuß-Schuhe sicher, dass sich die Sehnen, die Gelenke und auch die Muskeln der Füße deines Kindes bestens bewegen und somit auch stärken können. All das während der Barfußschuh die Füße deines Kindes vor dem rauen Asphalt, Kälte, Hitze, spitzen Steinen und anderen Gegenständen schützt.

Zusammengefasst solltest du dich also aus den folgenden Gründen für Barfuß-Schuhe für dein Baby entscheiden:

- breiter Schnitt vorne,
- Nachahmen der natürlichen Fußform,
- die Schuhe berücksichtigen die Anatomie der Füße deines Babys,
- Verzicht auf Dämpf- und Stützelemente,
- weiche, dünne und sehr flexible Sohle,
- Verzicht auf Polsterungen und auf das Fußbett,
- kein Höhenunterschied zwischen der Ferse und dem Ballen,
- geringes Gewicht,
- direkter Kontakt zum Boden und trotzdem Schutz vor dem Untergrund.

Finanzen und Hilfsangebote – insbesondere für Alleinerziehende

Wenn dein Baby auf die Welt kommt, ändert sich dein ganzes Leben. In dieser spannenden und aufregenden Zeit haben allerdings nicht alle frischgebackenen Eltern das Glück, sich auf ein Netzwerk verlassen zu können, das hinter ihnen steht und ihnen etwas unter die Arme greift. Das heißt aber noch lange nicht, dass die Familien alleine sind und ohne Hilfe dastehen. Denn es gibt in der Tat einige Hilfsangebote, die Familien oder auch Alleinerziehende in Anspruch nehmen können, um sich an ihr neues Leben als Familie oder eben als alleinerziehendes Elternteil zu gewöhnen.

Wie sichere ich mein Kind finanziell ab?

Um euer Kind finanziell absichern zu können, stehen euch mehrere Optionen zur Verfügung. Unter anderem könnt ihr auf:

- Sparbücher,
- Sparpläne und
- andere Produkte der Kapitalbildung

zurückgreifen. Am besten wendet ihr euch direkt an einen Finanzberater, der euch auf der Suche nach der passenden Absicherung für euer Kind helfen kann.

Macht es Sinn, ein Testament zu verfassen?

Natürlich mag sich niemand mit der Frage des Todes auseinandersetzen – vor allem dann nicht, wenn ihr gerade das Wunder des Lebens erlebt und ein Baby auf die Welt gebracht habt. Dennoch kann es sich für euch durchaus anbieten, euch Gedanken über ein Testament zu machen. Denn in einem Testament könnt ihr als Eltern nicht nur die finanziellen Aspekte regeln, sondern auch festlegen, welche Person oder welche Personen sich um euer Kind kümmern sollen, falls euch etwas passieren sollte. Sollte der Fall nicht von euch klar geregelt sein, kümmern sich das Jugendamt und das Gericht um diese Frage.

Welche finanziellen Hilfen gibt es? Wie funktioniert das mit dem Kindergeld?

Neben der Frage nach der finanziellen Absicherung eures Kindes spielt auch die Frage nach finanziellen Hilfen eine wichtige Rolle. An und für sich stehen euch sehr viele unterschiedliche finanziellen Hilfen zur Verfügung. Darunter fallen unter anderem:

- Geld für die Erstausstattung vom Jugendamt oder von anderen Stiftungen,
- Mutterschaftsgeld,
- Elterngeld und
- Kindergeld.

Um Kindergeld zu erhalten, stellt ihr einen Antrag bei der Familienkasse. Das Kindergeld beträgt derzeit 219 Euro pro Monat und wird ausbezahlt, bis ihr Kind volljährig ist oder seine Ausbildung abgeschlossen hat (was über die Volljährigkeit hinaus gehen kann).

Welche Hilfsangebote gibt es für junge Familien?

Für junge Familien, die Schwierigkeiten haben und nicht wissen, wie sie sich verhalten sollen oder in Bezug auf finanzielle Fragen oder ihre Wohnsituation Hilfe suchen, können sich voller Vertrauen an unterschiedliche Beratungsstellen wenden. Unter anderem können sie Hilfe von:

- der Caritas
- Profamilia
- dem Jugendamt

erhalten. In erster Linie bekommen sie zunächst eine Beratung, in der sie gemeinsam mit einem Mitarbeiter die Situation analysieren, um im Anschluss daran die nächsten Schritte einzuleiten, mögliche Amtsgänge zu erledigen oder Anträge zu stellen. Denn für junge Familien gibt es durchaus einige Unterstützungen, die über das Eltern- und Kindergeld hinausgehen und ihnen dabei helfen, als Familie auf die Füße zu kommen.

Welche Hilfsangebote gibt es für Alleinerziehende?

Wer als alleinerziehende Mutter Hilfe und Unterstützung sucht oder schlicht und ergreifend Informationen darüber erhalten möchte, welche möglichen Förderungen ihr zustehen, kann sich mit diesen Fragen an die Caritas oder auch an das Bundesministerium für Familien, Senioren, Frauen und Jugend wenden. Diese Stellen können nicht nur bezüglich finanzieller Fragen und dem damit im Zusammenhang stehenden Entlastungsbetrag sowie einem Unterhaltsvorschuss helfen, sondern auch anderweitig unterstützen und dir auf die Beine helfen, um als alleinerziehende Mutter zurecht zu kommen und dein Leben mit deinem Kind zu organisieren. Du bist auf keinen Fall alleine.

Welche Hilfsangebote gibt es für Eltern mit Frühchen?

Wenn Babys zu früh auf die Welt kommen, ist das für die Eltern in der Regel ein Schock. Zwar ist die Medizin inzwischen auf einem sehr fortgeschrittenen Stand, sodass viele Frühchen dennoch einen guten und halbwegs reibungslosen Start in ihr Leben haben, dennoch machen sich Eltern von Frühchen viele Sorgen. Um dir in einem solchen Fall etwas unter die Arme greifen und dich somit unterstützen zu können, findest du unter anderem bei:

- der Caritas
- dem Familienportal des Bundes
- dem Bundesverband „Das frühgeborene Kind e.V."

eine gute Anlaufstelle, bei der du dich beraten und unterstützen lassen kannst. Dabei kannst du auch andere Eltern kennenlernen, die sich in ähnlichen Situationen befinden, und möglicherweise Kontakte knüpfen.

Zudem haben Eltern von Frühchen Anspruch auf zusätzliche Monate Elterngeld, sodass die Eltern mehr Zeit für ihr Kind haben und sich intensiver um es kümmern können, ohne sich direkt wieder Gedanken über ihre Finanzen und die damit im Zusammenhang stehende Arbeit und Finanzierung ihres Lebens machen zu müssen.

Fontanelle

Babys sind in der Regel – so zart und zerbrechlich sie vielleicht auch aussehen mögen – sehr viel robuster, als du das vielleicht auf den ersten Blick vermuten würdest. Doch, zwei ganz besondere Aspekte spielen eine fundamentale Rolle in Bezug auf den Schutz deines Babys. Auf der einen Seite steht das Köpfchen deines Babys, das es erst innerhalb des ersten Lebensjahres immer besser halten kann, und auf der anderen Seite - die Fontanelle.

An und für sich haben Babys nicht nur die eine große Fontanelle, die Eltern auf dem Kopf des Babys spüren können, sondern auch fünf weitere, die sich jedoch bereits ab der 6. Lebenswoche schließen und in der Regel nach dem ersten Lebensjahr vollkommen verschwunden sind. Die große Fontanelle schließt sich in der Regel erst im Zeitraum 18 und 32 Monate, wobei das auch von Baby zu Baby variieren kann.

Die große Fontanelle spielt eine sehr wichtige Rolle und trägt dazu bei, dass

- das Baby durch die verschiebbaren Schädelplatten einfacher durch den Geburtskanal der Mutter rutschen und
- sich das Gehirn des Babys entwickeln und wachsen kann. Wäre die Schädeldecke bereits verknöchert, wäre das nicht möglich.

Worauf muss ich bei der Fontanelle achten und wie kann ich den sensiblen Bereich schützen?

Sicherlich handelt es sich bei der Fontanelle durchaus um einen sensiblen und somit empfindlichen Bereich am Körper deines Babys. Doch, das heißt nicht, dass du es gar nicht am Kopf berühren darfst. Verzichte darauf, auf die Fontanelle zu drücken, und orientiere dich an den folgenden Aspekten, die darauf hinweisen, dass mit der Fontanelle deines Babys alles in Ordnung ist:

- Sobald du dein Baby aufrecht hältst, liegt die Fontanelle flach oder sie ist leicht eingesunken.
- Die Fontanelle ist flach oder wölbt sich ein bisschen nach außen, wenn dein Baby liegt.
- Wenn du mit deinen Fingern sanft über die Fontanelle streichelst, fühlt sich diese weich an.

Geburt und Wochenbett

Ein sehr wichtiges Thema, das werdende Mütter zunächst einmal beschäftigt, stellt das Thema der Geburt dar. Direkt im Anschluss an die Geburt folgt natürlich das Wochenbett, weshalb du in diesem Kapitel Antworten auf die wichtigsten Fragen findest, die rund um die Geburt und das Wochenbett aufkommen.

Was kommt auf mich zu, wenn ich eine natürliche Geburt habe?

Jede Geburt ist anders!

Diese Tatsache solltest du dir immer wieder vor Augen führen, wenn du dich mit der Frage danach, was bei einer natürlichen Geburt auf dich zukommt, auseinandersetzt. Jede Frau hat ein anderes Schmerzempfinden und kommt somit auf jeweils andere Weise mit den Wehen klar. Während einige Frauen die ersten Wehen gar nicht wirklich merken, entwickeln andere Frauen bereits zum Anfang eine unheimlich große Kraft, mit der sie die Stabilität der Knochen in der Hand ihres Partners vor eine harte Voraussetzung stellen.

Ein kleiner Fun Fact: John Guillebaud, ein Professor am University College in London, hat die Aussage getroffen, dass die Regelschmerzen, die Frauen empfinden, fast so schlimm wie ein Herzinfarkt sind.

Frauen kommen mit der Zeit mit ihren Regelschmerzen klar und lernen, mit ihnen umzugehen. Wenn man nun bedenkt, dass die Wehen den Regelschmerzen gleichen, nur in vielen Fällen deutlich stärker sind, kann sich der werdende Vater in etwa vorstellen, was die werdende Mutter in den Stunden vor der Geburt erlebt.

Doch, mit wie vielen Stunden musst du genau rechnen? Wie lange halten die Wehen an, die nach und nach immer stärker werden, um den Muttermund auf 10 cm zu öffnen, sodass das Baby aus ihm herauskommen kann? Handelt es sich um 2 Stunden? Dauert es 5 oder sogar 12 Stunden?

Wie schon gesagt, kann keine allgemeine Aussage eine pauschale Antwort auf diese Frage geben. Durchschnittlich kann gesagt werden, dass die erste Geburt circa 13 Stunden und bei jedem weiteren Kind circa 8 Stunden dauert.

Bevor sich das Blind-Date der werdenden Eltern nähert, kommt es jedoch zu:

- dem Abgehen des Schleimtropfes (was auch einige Tage vor der Geburt passieren kann und noch nicht heißt, dass die Wehen umgehend starten müssen),
- Blutungen,
- dem Abgang des Fruchtwassers, was von Frau zu Frau unterschiedlich sein kann. Einige Frauen verlieren das Fruchtwasser im Schwall, andere wiederum tröpfchenweise.

An und für sich setzt sich die natürliche Geburt aus drei Phasen zusammen:

1) Die Eröffnungsphase

- Die Wehen erfolgen alle 3 bis 6 Minuten und dauern zwischen 10 bis 12 Stunden bei Erstgebärenden bzw. circa 8 Stunden bei Müttern, die schon Kinder geboren haben, an.
- Die Phase endet mit der Öffnung des Muttermundes. Dieser öffnet sich in Schritten, bis er 10 cm erreicht hat.

2) Die Austreibungsphase

Das Baby rutscht in den Geburtskanal, was in der Regel circa zwei Stunden dauert. Bei Frauen, die bereits Kinder bekommen haben, kann die Phase aber auch deutlich kürzer sein.

3) Die Pressphase

- Die Pressphase, die mit zu der Austreibungsphase gehört, geht Hand in Hand mit den sogenannten Presswehen. Die werdende Mutter hat somit das Gefühl, pressen zu müssen. Die Dauer dieser Pressphase beläuft sich oft auf 30 bis 40 Minuten bei Erstgebärenden bzw. auf 20 bis 30 Minuten bei Frauen, die bereits ein Kind geboren haben.

- Es kann dazu kommen, dass die Frau Stuhlgang bekommt. Aus dem Grund kann die werdende Mutter vor der Geburt unter den Wehen einen Einlauf für die Darmentleerung machen, wenn sie das möchte.

- Die Phase endet mit dem Erscheinen des Köpfchens. Das ist in der Regel der Moment, in dem sowohl die Frau als auch der Mann wirklich realisieren, dass das Baby auf die Welt kommt. Es wird greifbar. Nachdem die Frau noch ein paar Mal drückt, kommt der Körper des Babys heraus und das Baby ist auf der Welt.

Die Geburt des Babys ist nun vorbei. Doch sie ist noch nicht zu Ende. Denn im Anschluss an diese drei Phasen findet die Nachgeburtsperiode statt, bei welcher die Plazenta geboren wird. Das dauert in der Regel zwischen 10 und 30 Minuten. Währenddessen kann die frischgebackene Mutter das Baby in ihren Armen halten und an die Brust anlegen. Direkt nach der Geburt kann das Baby das sehr wichtige und wertvolle Kolostrum trinken.

Während der natürlichen Geburt kannst du, sofern dir die Schmerzen der Wehen zu viel werden, nach einer PDA (Periduralanästhesie) fragen. Diese Spritze in die Wirbelsäule betäubt die Schmerzen so, dass die werdende Mutter kaum mehr etwas von ihr spürt. Dafür muss sie sich in einem solchen Fall konzentrierter auf das Pressen orientieren, das nicht mehr automatisch durch den Drang der Wehen erfolgt.

Was muss ich erwarten, wenn ich einen Kaiserschnitt bekomme?

Unter Umständen kann es - wie bei mir - passieren, dass eine Frau unter der natürlichen Geburt auf Komplikationen trifft oder dass sie sich ganz bewusst vor der Geburt für einen geplanten Kaiserschnitt entscheidet. Kommt ein Kind über einen Kaiserschnitt auf die Welt, spielt es für die werdenden Eltern eine wichtige Rolle, zu wissen, was auf sie zukommt.

Da es sich bei einem Kaiserschnitt um eine Operation handelt, erhält die werdende Mutter eine Narkose. In der Regel bevorzugen es die Ärzte, für diese Zwecke eine örtliche Narkose zu verwenden. Das bringt auch den Vorteil mit sich, dass die Mutter das Baby im Arm halten kann, während die Ärzte die Öffnung, aus dem sie das Kind aus dem Bauch der Mutter geholt haben, zunähen.

Der Schnitt selbst weist in der Regel eine Länge zwischen 8 und 12 cm auf und verläuft quer am Unterbauch der Mutter. Oft verheilt die Narbe nach zwischen 8 und 12 Tagen, wobei die Mütter nicht selten zwischen 4 bis 7 Tage im Krankenhaus bleiben, um sich von dem Eingriff zu erholen. Denn vor allem im Bereich der Bauchdecke kann es nach dem Kaiserschnitt zu Schmerzen kommen und die frisch gebackene Mutter kann sich auch in ihrer Bewegungsfreiheit etwas eingeschränkt fühlen.

Bei dem Kaiserschnitt und der natürlichen Geburt handelt es sich um die einzigen beiden Möglichkeiten, um ein Kind auf die Welt zu bringen. An und für sich ist es jeder Frau selbst überlassen, ob sie sich für einen Wunschkaiserschnitt entscheidet oder nicht. Einige Frauen brauchen aufgrund medizinischer Umstände einen Kaiserschnitt, andere wünschen sich diese Form der Geburt. Es geht nur die Frau und ihren Partner etwas an, wie das Kind auf die Welt kommt, weshalb du selbst für dich entscheiden solltest, wie du dein Kind auf die Welt bringen möchtest, sofern du nicht aufgrund medizinischer Umstände auf jeden Fall einen Kaiserschnitt brauchst.

Kann mein Partner auch bei einem Kaiserschnitt dabei sein?

Die werdende Mutter sollte sich unter der Geburt immer wohlfühlen. Es ist wichtig, dass sie einen Zustand der Entspannung erreicht, um angenehm entbinden zu können. Für viele werdende Mütter bedeutet das, den Partner mit im Kreissaal zu haben. Auch bei der Geburt über den Kaiserschnitt stellt es in der Regel kein Problem dar, dass der Vater des Kindes mit im Operationssaal steht und die Geburt des Kindes somit mitbekommt.

In dem Falle eines geplanten Kaiserschnittes erfolgt im Voraus ein Gespräch, das beide Elternteile auf den Kaiserschnitt und den Ablauf vorbereitet und dementsprechend die Aufklärungsarbeit leistet. Doch, selbst wenn es während einer natürlichen Entbindung oder aufgrund anderer Umstände kurzfristig zu einem Kaiserschnitt kommen sollte, bleibt in der Regel immer noch genug Zeit und Raum, um den Partner der werdenden Mutter mit in die Geburt einzubeziehen und somit mit in den OP-Saal zu nehmen.

Eine Ausnahme besteht jedoch, wenn die Frau einen Kaiserschnitt unter Vollnarkose bekommt. In diesem Fall darf der Vater nicht mit in den OP-Saal, empfängt aber in der Regel das Baby direkt in den Arm, während die Ärzte die Operation bei der frisch gebackenen Mutter beenden und ihr die Zeit geben, die sie braucht, um aus der

Vollnarkose aufzuwachen. Währenddessen kann sich der Vater um das sogenannte „Bonding“ kümmern und den Haut-an-Haut-Kontakt mit dem Baby durchführen.

Die Anwesenheit des Partners im Operationssaal wirkt sich oft sehr positiv auf die Stimmung der werdenden Mutter aus. Zudem weisen Studien und Untersuchungen nach, dass Männer, die der Geburt ihres Kindes beiwohnen, unter der Geburt eine sehr große Menge an Oxytocin ausschütten. Es handelt sich dabei um das Liebeshormon, das sich unter anderem positiv auf die Bindung des Mannes an das Kind und die Frau auswirkt.

Gibt es Alternativen zur Geburt im Krankenhaus?

In der Regel denken Menschen, dass eine Geburt – ganz egal, ob es sich um eine natürliche Geburt oder um einen Kaiserschnitt handelt, im Krankenhaus erfolgt. Allerdings stehen dir drei andere Alternativen zur Verfügung, die du in Betracht ziehen kannst, wenn du dich mit der Frage beschäftigst, wo die Geburt deines Kindes stattfinden soll.

Viele werdende Eltern spielen mit dem Gedanken, eine **Hausgeburt** durchzuführen und sich dabei von einer Hebamme begleiten zu lassen. Gegen eine Hausgeburt spricht nichts, sofern die Schwangerschaft einwandfrei verlaufen ist und keine Komplikationen vorliegen. Eine ausgebildete Hebamme kann die Risiken sehr gut abschätzen und im Zweifelsfall die Fahrt in das nächste Krankenhaus veranlassen. Natürlich steht jedoch außer Frage, dass im Krankenhaus direkt ein Team an Ärzten zur Verfügung steht, das direkt eingreifen kann, wenn es zu Komplikationen kommen sollte. Viele Frauen wünschen sich allerdings die entspannte Atmosphäre ihrer eigenen vier Wände, was sich sicherlich auch positiv auf die Stimmung, die Entspannung und somit auf die Geburt auswirken kann.

Allerdings ist die Hausgeburt nicht für alle Paare etwas, weshalb du dich gemeinsam mit dem anderen Elternteil vor dem Treffen dieser Entscheidung intensiv unterhalten solltest. Spreche dabei auch über Ängste und berücksichtige die Ängste deines Partners.

Eine gute Alternative für Paare, die die Geburt des Kindes nicht im Krankenhaus durchführen wollen, sich mit einer Hausgeburt jedoch nicht vollkommen wohl und sicher fühlen, stellt die Geburt in einem sogenannten **Geburtshaus** dar. Dort herrscht eine wohnliche Atmosphäre, Fachpersonal steht zur Verfügung unter bei Bedarf kann der direkte Transport ins Krankenhaus erfolgen. Die letzte Alternative, die werdenden Eltern haben, wenn sie sich vor dem Krankenhausaufenthalt im Anschluss an die Geburt scheuen und eigentlich gerne direkt nach Hause gehen wollen, stellt die **ambulante Geburt** dar. Sprich: Die Frau bringt das Kind im Krankenhaus auf die Welt und verlässt anschließend das Krankenhaus auf eigene Verantwortung.

Was für eine Geburt gilt als die Beste für die Mutter und für das Kind?

An und für sich sprechen sich Experten für eine natürliche Geburt aus, weil diese nicht nur für eine schnellere Erholung der Mutter nach der Geburt sorgt, sondern gleichzeitig auch einen besseren Start ins Leben für das Kind sicherstellt. Zahlen bestätigen, dass nur 10 bis 15 Prozent aller in Deutschland durchgeführter Kaiserschnitte eine medizinische Berechtigung haben.

Doch, kein Mensch hat das Recht, der Mutter ein schlechtes Gewissen einzureden, wenn sie sich anstelle einer natürlichen Geburt für einen Kaiserschnitt entscheidet. Was sich anbietet, ist, sich vor der

Entscheidungsfindung jeweils intensiv mit allen Geburtsmöglichkeiten auseinanderzusetzen und sich immer wieder vor Augen zu führen, welche Vorteile eine natürliche Geburt mit sich bringt, sofern die medizinischen Umstände keinen Kaiserschnitt verlangen.

Die natürliche Geburt kann dabei auf verschiedene Weise erfolgen. Unter den zwei Dritteln der Frauen, die sich für eine natürliche Geburt entscheiden, entbindet die Mehrzahl im Bett. Nur eine sehr kleine Anzahl entscheidet sich dafür, das Kind im Wasser zur Welt zu bringen.

Im Bett können Frauen zudem zwischen der liegenden, sitzenden, stehenden oder auch knienden Geburt wählen. Grundsätzlich kann nicht gesagt werden, was für das Kind und die Mutter besser ist. Solange sich die Mutter wohlfühlt und die Geburt ohne Komplikationen verläuft, die eine bestimmte Position rechtfertigen würden, kann die Mutter selbst entscheiden, in welcher Position sie ihr Kind zur Welt bringt.

Was sollte ich über das Wochenbett wissen?

Nach der Geburt müssen sich die Mutter und auch das Kind erst einmal erholen und die kleine Familie muss sich gemeinsam mit dem Vater kennenlernen und ganz viel kuscheln. Nicht umsonst wünschen Freunde und Verwandte nach der Geburt nicht nur alles Gute, sondern auch eine schöne „Kuschel- und Kennenlernzeit“.

Den Namen erhält das Wochenbett aufgrund der Tatsache, dass sich die Mutter während dieser Zeit besonders viel Ruhe gönnen sollte. Sie muss die Zeit nicht im Bett verbringen, doch sie sollte sich nicht übernehmen. Schließlich hat sie nach der Geburt auch weiterhin Blutungen und muss sich, sofern sie sich für das Stillen entscheidet, mit dem Aufbau der Stillbeziehung beschäftigen.

Weitere Aspekte, die in Bezug auf das Wochenbett eine wichtige Rolle spielen und interessant zu wissen sind, sind die Folgenden:

- Während die ersten 10 Tage nach der Geburt die Bezeichnung „Frühwochenbett“ tragen, heißt die Zeit nach der Geburt ab dem 11. Lebenstag des Babys „Spätwochenbett“.
- In dieser Zeit findet eine sehr intensive Bindung zwischen dem Baby und der Mutter sowie zwischen dem Vater und dem Baby statt.
- Ruhe und Entspannung stellen das A und O dar.
- Eine Nachsorgehebamme prüft die Entwicklung des Kindes und die Gesundheit der Mutter. Sie kann auch bei der Stillbeziehung helfen. In Deutschland hast du als frisch gebackene Mutter einen Anspruch auf eine Nachsorgehebamme.
- Sex ist nicht verboten, sollte aber nur dann stattfinden, wenn sich die Frau wirklich bereit fühlt. Wichtig ist, dass du dabei ein Kondom benutzt. Innere Verletzungen, die erst nach und nach heilen, könnten sonst das Risiko mit sich bringen, Keime in sich aufzunehmen, was im schlimmsten Fall zu Entzündungen führen könnte.
- Es bietet sich an, dass der frisch gebackene Vater zumindest zum Anfang des Wochenbetts zu Hause ist und der frisch gebackenen Mutter unter die Arme greift – er kann kochen oder einfach seelisch unterstützen, da sein und sein Baby kennenlernen.
- Frauen haben in Deutschland bis zu acht Wochen nach der Geburt ein Beschäftigungsverbot und „müssen“ sozusagen ins Wochenbett. Wie du dieses dann gestaltest, ist dir überlassen.

Wie kann ich selbst, mein Partner, meine Familie erkennen, dass ich Anzeichen einer Wochenbettdepression zeige?

Die Geburt stellt ein sehr einschneidendes Ereignis in dem Leben eines Paares dar. Vor allem die Frau, die das Baby in ihrem Bauch getragen und auf die Welt gebracht hat, hat nach der Geburt einige Dinge zu verarbeiten, während sie sich gleichzeitig an viele neue Sachen gewöhnen muss. Es ist alles neu und die Hormone spielen wieder einmal verrückt.

Unter Umständen kann es sogar dazu kommen, dass Frauen nach der Geburt eine sogenannte Wochenbettdepression entwickeln. Grundsätzlich besteht zwischen den Symptomen einer Wochenbettdepression kein großer Unterschied zu jenen einer „normalen" Depression:

- Der Mutter fällt es schwer, sich um das Baby zu kümmern.
- Oft hat die Mutter Probleme damit, empathisch und einfühlsam auf das Baby einzugehen.
- Viele Mütter isolieren sich selbst und haben das Gefühl, sich selbst nicht mehr zu kennen.
- Die Mutter fühlt sich niedergeschlagen und verliert das Interesse in alles, was sie umgibt.
- Oft fühlt sich die Mutter so, als ob sie nicht mehr fröhlich sein kann.
- Der Mutter mangelt es an Antrieb und Motivation.
- Oft weint die Mutter, ist ängstlich und leidet unter Schlafstörungen (sowohl Einschlaf-, als auch Durchschlafstörungen).

- Die Mutter beschäftigt sich lange mit dem Grübeln und hat viele Selbstzweifel. Sie zweifelt oft auch an ihrer eigenen Fähigkeit als Mutter.
- Ein Mangel an Appetit stellt keine Seltenheit dar. Das kann sich wiederum negativ auf die Milchproduktion der Mutter auswirken, was in ihr wiederum ihre Selbstzweifel stärkt und ihre Vermutung, eine schlechte Mutter, die sich nicht um ihr Kind kümmern kann, zu bestätigen scheint.
- In besonders schweren Fällen kann es sein, dass die Mutter Gedanken daran hat, sich oder dem Baby etwas anzutun.

Um unter einer Wochenbettdepression zu leiden, muss keine depressive Vorerkrankung vorliegen. Im Durchschnitt trifft diese Depression 8 von 100 Frauen. Da aufgrund der Tatsache, dass die Hormone nach der Geburt Party feiern, viele der oben genannten Symptome durchaus normal sind, ist erst dann die Rede von einer Depression, wenn die Mutter die genannten Symptome über einen Zeitraum von mehr als zwei Wochen aufweist.

Da viele Mütter aus Angst davor, keine gute Mutter zu sein, Hemmungen davor haben, über ihre Gefühle zu sprechen, ist es umso wichtiger, dass der Partner und auch andere enge Verwandte und Freunde im Umfeld auf diese möglichen Anzeichen achten und rechtzeitig eingreifen.

Denn die gute Nachricht ist, dass die Depression gut behandelt werden kann, wenn die betroffenen Mütter Hilfe erhalten. Andernfalls besteht die Gefahr, dass die Wochenbettdepression nicht nur lange andauert, sondern sich sogar zu einer chronischen Erkrankung entwickelt.

Hinweis: Die Wochenbettdepression unterscheidet sich von dem sogenannten Babyblues, der oft in den ersten Tagen nach der Geburt auftritt und sich durch Stimmungsschwankungen und Stimmungsabfälle äußert.

Behalte stets im Blick, dass du keine schlechte Mutter bist, wenn du von der Wochenbettdepression betroffen bist. Ob du eine Wochenbettdepression hast oder nicht, sagt absolut nichts über deine Qualitäten als Mutter aus!

HALTEN UND TRAGEN DES BABYS

Aus biologischer Sicht betrachtet handelt es sich bei Babys um sogenannte „Traglinge“. Das heißt, dass sie gerne in dem Arm ihrer Bezugspersonen getragen werden. Sie fühlen sich im Arm ihrer Mutter oder ihres Vaters am wohlsten, was keinesfalls etwas mit „Verwöhnen“ zu tun hat. Bei Babys liegt eine biologische Veranlagung vor, die bestimmt, dass sich Babys am sichersten und zu derselben Zeit am wohlsten fühlen, wenn sie getragen werden. Denn durch das Tragen erinnern sie sich an die Zeit im Bauch der Mutter zurück und fühlen sich sicher. Der Urinstinkt sagt ihnen, dass sie in Gefahr sind, wenn sie alleine sind.

Sicherlich bestätigen Ausnahmen die Regel und es gibt durchaus Babys, die nicht unbedingt getragen werden wollen. Doch, an und für sich handelt es sich bei Babys um Traglinge, die gerne in den Armen der Mutter oder des Vaters getragen werden. Anfangs wiegen Babys noch nicht so viel. Da sie sich rasant weiterentwickeln und somit auch immer schwerer werden, stellt sich für dich womöglich bald die Frage danach, wie du dein Baby am besten hältst, ohne deinen Rücken, deine Arme und auch deine Hüfte zu sehr zu beanspruchen.

Wie halte ich mein Baby richtig? Tipps und Tricks bezüglich verschiedener Trageposition

Babys können ihren Kopf noch nicht selbst halten, weshalb es für dich wichtig ist, diesen Aspekt immer im Hinterkopf zu behalten, wenn du dein Baby trägst. Der Kopf braucht einen ganz besonders intensiven Schutz, um nicht mit voller Wucht nach hinten oder zur Seite zu fallen. Erst nach und nach machen Babys die Entwicklung, ihren Kopf selbstständig halten zu können.

Um dein Baby halten zu können, kannst du dir zudem ein paar fundamentale Tipps und Hinweise zu Herzen nehmen, die dich beim richtigen und angemessenen Halten deines Babys unterstützen können:

- Nehme dein Baby über die Seite hoch, indem du es leicht auf die Seite drehst und es erst dann hochnimmst.
- Möchtest du dein Baby gerade hochnehmen, musst du auf jeden Fall darauf achten, das Köpfchen zu stützen, da dieses sonst nach hinten runterhängt. Am besten fasst du für diese Zwecke mit deinen Händen unter die Schultern des Babys, streckst deine Finger und fasst mit ihnen unter den Kopf.
- Lege dein Baby so auf deinem Oberkörper ab, dass es mit seinem Kopf knapp über deine Schulter blickt. Du kannst seinen Po mit der einen Hand stützen und die andere nutzen, um seinem Kopf und dem oberen Bereich seines Rückens Halt zu spenden.
- Die klassische Haltung, die du mit Sicherheit kennst, wenn es darum geht, ein Baby zu halten, stellt die „Wiegehaltung" dar. In diesem Fall bildet dein Unterarm eine Wiege, in welche du dein Baby so legst, dass sein Kopf durch deine Armbeuge eine angenehme und sichere Stütze erhält. Für diese Position ist es wichtig, dass dein Baby seine Ärmchen vor deinem Körper hält.
- Beim „Fliegergriff" handelt es sich um einen beliebten Griff, wenn Babys unter Bauchschmerzen leiden. Du legst das Baby für diese Zwecke mit dem Bauch nach unten auf deinen Unterarm, wobei sein Köpfchen auf deiner Armbeuge liegt. Die andere Hand nutzt du, um den Po zu stützen.
- Babys sollten noch nicht sitzen. Aus diesem Grund bietet sich die Sitzposition erst für Babys an, die bereits alleine sitzen können,

was – je nach Entwicklung des Kindes – ab dem 8. Lebensmonat der Fall sein kann. Für die Sitzposition ist es wichtig, den Kopf und auch den Rücken deines Babys durch deinen Oberkörper gut zu stützen und einen deiner Arme zu nutzen, um eine Art Gürtel um dein Baby zu legen. Am besten ist es zudem, wenn du die andere Hand nutzt, um sie unter den Popo deines Babys zu legen.

Es ist normal, am Anfang etwas zögerlich zu sein. Vielleicht hast du Angst, dem kleinen Baby weh zu tun. Doch, du wirst feststellen, dass sich die Routine ganz schnell und nahezu wie von alleine einschleicht und du schon bald das Gefühl haben wirst, dein Leben lang nichts anderes gemacht zu haben.

Wie übergebe ich mein Baby sicher an eine andere Person?

Wenn eine andere Person dein Baby halten möchte und es nicht hochnimmt, nachdem es auf der Couch oder im Bett lag, ist es wichtig, das Baby richtig zu übergeben. Am besten hältst du für diese Zwecke eine Hand unter dem Nacken und eine Hand unter dem Popo deines Kindes. So kann die andere Person eine Hand zwischen deine Hand und den Popo des Babys schieben und du kannst deine Hand wegziehen. Beim Nacken funktioniert es genauso.

Wie trage ich mein Kind, ohne meinen Rücken, meine Hüfte und meine Arme zu schädigen?

Selbst wenn ein Baby nicht viel Gewicht auf die Waage bringt, kann es durchaus passieren, dass bestimmte Teile deines Körpers schmerzen, weil du dein Baby über einen langen Zeitraum hinweg trägst. In diesem Zusammenhang stellt sich für dich natürlich die Frage danach, wie du dein Baby am besten tragen kannst, ohne dass dein Rücken, deine Hüfte oder deine Arme schmerzen.

Die Antwort auf diese Frage findest du in einem Tragetuch oder in einer Babytrage, die – richtig gebunden bzw. richtig eingestellt – nicht nur deinen Rücken, deine Hüfte und deine Arme schont, sondern zu derselben Zeit auch den Rücken deines Babys stützt, der sich vor allem in den ersten Lebensmonaten durch eine schwache Muskulatur auszeichnet. Wenn du dein Baby also tragen möchtest, ohne deinen Körper zu sehr zu beanspruchen, können ein Babytragetuch oder eine Babytrage die passende Lösung für dich darstellen. Zumal das Tragen des Babys in einem solchen Hilfsmittel mit weiteren positiven Aspekten einhergeht, von welchen nicht nur du oder dein Partner, sondern auch euer Baby profitiert.

Die Vorteile des Tragens in einem Tragetuch oder einer Babytrage umfassen Folgendes:

- Du bist deinem Baby ganz nahe und kannst somit die Signale, die es sendet, sehr viel besser und schneller erkennen und deuten.
- Dein Baby erfährt die ganze Zeit hinweg Körperkontakt. Der Körperkontakt stellt für Kinder ein sehr wichtiges Grundbedürfnis dar, weshalb du dieses durch das Tragen deines Kindes bestens erfüllst.
- Die Bindung zwischen dir und deinem Baby profitiert von dem ständigen Kontakt.
- Da das Tragen im Tragetuch oder in der Babytrage Sicherheit vermittelt, sind die Babys oft ruhig. Vor allem Schreibabys beruhigen sich in Tragetüchern oder Babytragen sehr viel besser.
- Experten sind sich darüber einig, dass die sogenannte Spreiz-Anhockstellung für Babys eine sehr wichtige Rolle spielt. Bei dieser Spreiz-Anhockstellung handelt es sich um die Stellung, die Babys automatisch einnehmen, wenn sie getragen werden. Sprich: Sie heben ihre Beine hoch, sodass die Knie zur Seite zeigen und

zwischen ihrem Oberschenkel und ihrem Unterschenkel ein 90-Grad-Winkel entsteht. Durch das Tragen im Tragetuch oder in der Babytrage erfährt das Baby eine sehr positive Unterstützung der Spreiz-Anhockstellung.

- Nicht selten weisen Babys, die viel im Kinderwagen oder im Bettchen liegen, einen leicht abgeflachten Hinterkopf auf. Das ist bei Kindern, die im Tragetuch oder in der Babytrage getragen werden, oft nicht der Fall.
- Du hast deine Hände frei, während du dein Baby ganz nah bei dir tragen kannst, sodass du verschiedene Dinge erledigen kannst, die du nicht machen könntest, wenn du dein Kind in den Armen trägst oder wenn es schreiend in seinem Bettchen liegt, weil es deine Nähe sucht.
- Du kannst dein Kind in vielen unterschiedlichen Positionen im Tragetuch tragen: vor deinem Bauch, auf deiner Hüfte, auf deinem Rücken.
- Du kannst dein Baby ganz einfach stillen, während es sich im Tragetuch befindet.
- Dein Baby erfährt bei kalten Temperaturen eine angenehme Wärmung durch den Kontakt zu dir. An warmen Tagen hingegen kann es sich besser regulieren.
- Du kannst auf Wegen laufen, die du mit einem Kinderwagen nicht befahren könntest. Auch Erledigungen, die mit dem Kinderwagen anstrengend sind und schwerfallen, erfolgen mit dem Tragetuch oder mit der Babytrage sehr viel leichter.
- Väter können durch das Tragen ihren Kindern sehr nahe sein und ihnen Geborgenheit, Wärme und Liebe spenden, während sie die Hände freihaben.

Die passende Babytrage oder das richtige Tragetuch findest du im Übrigen bei einer Trageberatung. Nicht selten bieten auch Hebammen solche Trageberatungen an. Dort lernst du nicht nur verschiedene Modelle kennen, sondern erfährst auch mehr über das Binden und Anlegen der Tücher und Tragen sowie über verschiedene mögliche Tragepositionen.

All diese Tipps, die du bezüglich des Tragens erhalten hast, gelten natürlich auch für den Vater des Kindes, der sich diese Hinweise zu Herzen nehmen kann.

Wie halte ich mein Baby, wenn es mir übergeben wird?

Wird dir dein Baby übergeben, soll die Person, die das Baby hält, eine Hand unter den Nacken deines Babys halten und mit der anderen Hand den Popo des Babys stützen. So kannst du eine Hand ganz ohne Probleme zwischen die Hand der anderen Person und den Popo des Babys schieben. Bei dem Nacken kommt dann deine andere Hand zwischen die Hand der anderen Person und den Nacken des Babys. Erst wenn du deine Hände richtig platziert hast, kann die andere Person ihre Hände wegziehen und du kannst dein Baby halten.

Wie nehme ich mein Baby auf, wenn es im Bettchen liegt?

Liegt dein Baby im Bett, solltest du in der Regel darauf verzichten, es einfach nach oben zu heben. Besser ist es, dein Baby auf die Seite zu drehen und es dann so anzuheben. Greife für diesen Zweck unter die Achseln deines Babys, wobei deine Daumen am besten direkt auf dem Brustkorb deines Babys liegen. Deine anderen Finger befinden sich in der Höhe seiner Schulterblätter. Nun kannst du dein Baby auf eine der beiden Seiten drehen und dann über seine Hüften ganz sanft nach oben heben.

Möchtest du dein Baby trotzdem einfach direkt nach oben heben, ist es wichtig, vorher deine Hand unter seinem Kopf zu platzieren, sodass du ihn stützen kannst. Andernfalls riskierst du, dass er nach hinten fällt, was fatale Folgen mit sich bringen kann.

HORMONUMSTELLUNG

Nicht nur während der Schwangerschaft feiern die Hormone Party und sorgen somit für die unterschiedlichsten Symptome wie Stimmungsschwankungen, Heißhungerattacken, Vergesslichkeit, Müdigkeit uvm. Auch nach der Geburt wird die Feier fortgesetzt. Schließlich müssen nicht nur die zwei Streifen auf dem Schwangerschaftstest, sondern im Anschluss auch die Geburt gehörig gefeiert werden oder?

Aber, wie sagt man doch so schön? – In der Kürze liegt die Würze! Irgendwann hast du auch einfach genug von der Party der Hormone und wünschst dir nichts mehr, als einfach deine Ruhe zu haben.

Was passiert bei der Hormonumstellung und warum ist sie so wichtig?

Die Hormonumstellung startet bereits mit der Geburt der Plazenta, mit welcher sehr viele Schwangerschaftshormone den Körper verlassen. An der Stelle der Schwangerschaftshormone fahren nun die anderen Hormone in deinem Körper wieder hoch, weshalb erst einmal Chaos herrscht. Doch, die Umstellung der Hormone ist sehr wichtig für dich, deinen Körper sowie für dein Baby und das Stillen.

Mit der Geburt der Plazenta sinken die Schwangerschaftshormone Östrogen, Progesteron, hPL (humanes Plazentalaktogen) und auch hCG (humanes Choriongonadotropin), während die Stillhormone Prolaktin und Oxytocin steigen.

Wenn du dich für das Stillen entscheidest, bleiben diese beiden Stillhormone konstant in deinem Körper. Entscheidest du dich gegen das Stillen, sinken diese beiden Hormone innerhalb der ersten Wochen nach der Geburt ab. Das heißt für dich aber auch, dass du deine

Menstruationen wieder bekommst, was bei den meisten Frauen, die viel Stillen, in der Regel nicht der Fall ist.

Einige Symptome, die die Party deiner Hormone und die damit im Zusammenhang stehende Veränderung bei dir hervorrufen können, sind die Folgenden:

- Haarausfall aufgrund des Östrogenspiegels, der nach der Geburt rapide sinkt. Nach circa 6 Monaten bis zu einem Jahr wird sich dein Östrogenspiegel wieder eingependelt haben und der Haarausfall hat ein Ende.
- Milcheinschuss durch die Stillhormone. ACHTUNG: Es stimmt nicht, dass das Stillen ein natürliches Verhütungsmittel ist. Zwar können die Hormone unterbinden, dass ein Eisprung stattfindet. Dies ist aber nur dann der Fall, wenn du sehr viel und sehr regelmäßig stillst. Auf keinen Fall solltest du dich jedoch nur auf das Stillen als Verhütungsmittel verlassen.
- Rückbildung der Gebärmutter durch das Hormon Oxytocin. Dieses trägt unter anderem die Bezeichnung „Kuschelhormon" und unterstützt als solches die Bindung zwischen dir und deinem Baby.
- Schwitzen
- Probleme mit der Verdauung
- Müdigkeit – ja, du kannst sie auch auf deine Hormone und nicht nur auf die schlaflosen Nächte schieben. Der Abfall von Oxytocin ruft oft, gemeinsam mit der allgemeinen Anstrengung der Geburt diese Müdigkeit hervor. An dieser Stelle ein kleiner Fun-Fact: Wissenschaftler haben herausgefunden, dass die körperliche Herausforderung während der Schwangerschaft einem 9-monatigen Marathonlauf gleichzusetzen ist. Dazu gesellen sich die Anstrengungen unter der Geburt und schon weißt du, warum du so müde bist!

- Stimmungsschwankungen und der sogenannte Babyblues.

Wie du siehst, scheint das Hormon, das am härtesten Party in deinem Körper feiert, das Hormon Oxytocin zu sein. Immerhin kennst du nun den Übeltäter und kannst ihn beim Namen nennen.

Wie lange dein Körper braucht, um den Normalzustand des Hormonhaushaltes nach der Geburt wieder herzustellen, ist von Frau zu Frau unterschiedlich. Durchschnittlich kannst du mit einem Zeitraum von 9 Monaten rechnen.

Wie kann ich die Hormonumstellung nach der Geburt abfedern? Gibt es Dinge, die nachweislich helfen?

Die Umstellung des Hormonhaushaltes ist weder zum Anfang der Schwangerschaft noch nach der Geburt ein Zuckerschlecken für dich und für deinen Körper. Gebe deinem Körper aus diesem Grund die Zeit, die er braucht, um sich von den Strapazen der Schwangerschaft und der Geburt zu erholen und um den Normalzustand des Hormonhaushaltes wieder herstellen zu können.

Zu Recht natürlich fragst du dich, ob es vielleicht ein paar Tipps und Tricks gibt, die dir bezüglich eines besseren Umgangs mit der Hormonumstellung helfen. An und für sich musst du dir jedoch vor Augen führen, dass du gegen die Umstellung und die Folgen, die diese mit sich bringt, nicht wirklich etwas machen kannst. Wie sagt man doch so schön? – Es ist nicht das, was es ist, sondern das, was man daraus macht.

Versuche den Spruch so zu sehen:

- Es ist, was es ist. Du hast ein Baby auf die Welt gebracht.

- Du machst das Beste draus. Du nutzt die Zeit, um dich zu erholen, zu Entspannen und die Bindung zwischen dir und deinem Baby zu stärken.

Es bringt nichts, sich über Dinge, die man nicht ändern kann, aufzuregen. Das sorgt nur für Stress, schlechte Laune und Frust, was wiederum dein Baby als kleiner Gefühlsmagnet spürt und unruhig macht. Ohne euch so gegenseitig hochzuschaukeln, ist es für dich am besten, dich mit dem Status Quo abzufinden und mit ein paar kleinen Hausmittelchen die Begleiterscheinungen der Veränderung der Hormone etwas zu mindern.

1) Der Haarausfall

Bevor dir dein Kind im Teenageralter die Haare vom Kopf frisst, kannst du dich schon einmal auf die Zeit einstimmen, wenn dir nach der Geburt die Haare vom Kopf fallen. Natürlich mag das im ersten Moment nicht schön sein, doch der Haarausfall dauert nicht ewig an. Behalte immer im Hinterkopf, dass Faktoren wie:

- Anstrengungen,
- Schlafmangel,
- Stress und
- Mangelernährung

den Haarausfall verstärken können. Nicht umsonst solltest du das Wochenbett nach der Geburt ernstnehmen und dich so viel entspannen, wie dir nur möglich ist.

Um den Haarausfall positiv beeinflussen zu können, kannst du neben der Ruhe, die du deinem Körper unbedingt geben musst, auch folgende Tipps zu Herzen nehmen:

- Eine gesunde und ausgewogene Ernährung;

- Verwendung sanfter Shampoos, die deine Haare und auch deine Kopfhaut schonen;
- Verzicht auf Pferdeschwänze trage deine Haare, so oft es geht, offen;
- Massage der Kopfhaut, um die Durchblutung zu fördern.

2) Die Verdauungsprobleme

Um besser mit den Verdauungsproblemen umgehen zu können, solltest du in erster Linie die Ruhe und Entspannung ernst nehmen. Bestimmt hast du schon von der sogenannten Psychosomatik gehört. Wenn du gestresst bist und nicht zur Ruhe kommst, reagiert dein Körper oft mit physischen Beschwerden darauf. Neben der Entspannung solltest du aber auch auf deine Ernährung achten:

- Trinke viel Wasser oder Tee. Das ist auch für die Milchproduktion gut, falls du stillst.
- Mache kleine Spaziergänge und höre dabei auf deinen Körper - überanstrenge ihn nicht.
- Achte auf eine ballaststoffreiche Ernährung (Leinsamen, Vollkornprodukte, Weizenkleie).
- Esse getrocknete Pflaumen und achte dabei darauf, ausreichend Flüssigkeit zu dir zu nehmen. Unter dieser Voraussetzung kannst du deinem Körper dabei helfen, die Verdauung anzuregen.
- Warmer Apfelsaft soll sich ebenfalls positiv auf die Verdauung auswirken.

3) Das Schwitzen

Selbst Frauen, die eigentlich nicht viel schwitzen, stellen nach der Geburt bei sich fest, sehr schnell ins Schwitzen zu kommen. In diesem

Fall kannst du versuchen, diesem Schweiß durch folgende Tipps vorzubeugen:

- Wechselduschen (warm und kalt) an den Füßen und an den Beinen;
- Tee aus Zitronenmelisse oder Salbeitee, die schweißhemmende Eigenschaften mit sich bringen sollen. Behalte aber immer im Hinterkopf, dass Salbeitee während der Stillzeit einen negativen Einfluss auf die Milchproduktion haben kann.
- Absenken der Temperatur im Raum;
- Kleidung und Bettwäsche aus atmungsaktiven Stoffen.

An und für sich stellen jedoch Ruhe, Entspannung und Fürsorge während der Zeit nach der Geburt die wichtigsten Aspekte dar, um deinem Körper die besten Rahmenbedingungen für eine schnelle Erholung bieten zu können.

Wende dich unter anderem auch an deine Hebamme, um sie nach Tipps und Tricks zu fragen und dich von ihr bezüglich der Umstellung der Hormone in deinem Hormonhaushalt beraten und aufklären zu lassen. Oft kennen Hebammen andere gute Tipps, an denen du dich orientieren kannst.

INSEKTENSTICHE

Insektenstiche sind lästig – keine Frage. Leider stechen die Mücken bereits die Kleinsten und sorgen somit für einen großen Juckreiz bei ihnen. Diesbezüglich ist es wichtig zu wissen, wie du dein Kind vor Insektenstichen schützen kannst und was im Zweifelsfall hilft, wenn dein Baby schon gestochen worden ist.

Wie kann ich Insektenstiche bei meinem Baby vorbeugen?

Um Insektenstiche vorbeugen zu können, stehst du auf dem Markt vor einer durchaus großen Auswahl an verschiedenen Produkten. Allerdings handelt es sich dabei nicht um Hausmittel, sondern oft um chemische Mittel, die alles andere als geeignet für dein Baby und seine sanfte Haut sind. Vor allem wenn die Produkte die Inhaltsstoffe DEET und Icaridin aufweisen, solltest du auf ihre Anwendung verzichten. Nicht nur die Haut kann empfindlich auf diese Inhaltsstoffe reagieren, sondern auch die Dämpfe der Mittel, die dein Baby einatmen könnte, könnten ihm schaden.

Stattdessen kannst du auf einige Hausmittel und andere Utensilien zurückgreifen, um dein Baby vor Insektenstichen zu schützen. Darunter fallen unter anderen:

- Produkte, die diese oben genannten Inhaltsstoffe nicht aufweisen und stattdessen auf rein natürlichen Inhaltsstoffen basieren.
- Ätherische Öle, wobei du auch hier darauf achten solltest, dass Babys sehr empfindlich auf ätherische Öle reagieren können und dass einige Sorten unter Umständen sogar gefährlich für sie werden können. Informiere dich also im Voraus über geeignete ätherische Öle und die passende Dosis, bevor du sie vorbeugend bei deinem Baby anwendest.

- Netze, die du nicht nur für das Bett, sondern auch für den Kinderwagen, die Trageschale oder allgemein für die Fenster kaufen und anbringen kannst.

Wie kann ich Insektenstiche bei meinem Baby optimal behandeln?

Im Kampf gegen Insektenstiche sollen sich ein paar Hausmittel als besonders hilfreich und vorteilhaft erwiesen haben:

- Kühle den Insektenstich, um zu verhindern, dass er anschwillt. Achte darauf, dass es nicht zu kalt wird, indem du Eiswürfel oder ein Kühl-Pack in ein Tuch wickelst, bevor du die Haut damit kühlst.

- Weißkohl soll nicht nur Entzündungen hemmen, sondern auch Schwellungen behandeln können. Nutze Weißkohl und lege ihn auf den Insektenstich. Dasselbe gilt für Zwiebeln.

- Mit Zitronensaft oder Essig, die du einfach auf den Insektenstich tupfen kannst, kannst du verhindern, dass sich der Stich entzündet oder anschwillt.

- Lavendelöl riecht nicht nur gut, sondern hilft auch gegen den Juckreiz.

- Rühre aus Salz und Wasser einen dicken Brei an und gebe ihn dann auf die Stelle, an der dein Baby den Insektenstich aufweist. Dieser Brei verhindert, dass der Stich zu sehr juckt oder anschwillt.

Grundsätzlich verschwinden die Insektenstiche nach einiger Zeit wieder. Zum Arzt solltest du dann gehen, wenn der Stich:

- im Bereich des Rachens, des Halses oder des Mundes auftritt.

- auch nach zwei Tagen immer noch sichtbar angeschwollen ist.

Sollten Hausmittel nicht helfen, kannst du dich in eine Apotheke begeben und dir dort Salben und Cremes besorgen, die sich speziell für Babys eignen, um den Juckreiz zu lindern und die Stiche zu behandeln.

Intimbereich

Der Intimbereich verlangt bei Babys eine besondere Pflege, wobei in diesem Fall das Motto „Weniger ist mehr" auf die Menge der Pflegeprodukte und der Häufigkeit der Pflege zutrifft. Denn viel hilft nicht automatisch viel und du solltest weder zu viele Cremes noch zu viel Puder nutzen, wenn es um den Intimbereich deines Baby geht.

Wie wichtig sind Cremes und Puder für den Intimbereich?

Cremes und Puder können dich durchaus bei der Pflege des Intimbereichs deines Babys unterstützen, Rötungen lindern und ggf. auch Ausschläge unter Kontrolle bringen. Doch, wenn dein Baby weder rot ist, noch andere Beschwerden in seinem Intimbereich aufweist, solltest du dringend davon absehen, es einzucremen oder zu pudern. Cremes und Puder sollten nur dann auf die Haut deines Babys in seinem Intimbereich stoßen, wenn es die Umstände verlangen, mit Pflegeprodukten einzugreifen. Andernfalls machst du dein Baby beim Wickeln ganz normal sauber und ziehst ihm eine neue Windel an, ohne es einzucremen oder einzupudern.

Wenn du vor der Frage Puder oder Creme stehst, lautet die Antwort in der Regel Creme. Denn das Puder verklumpt recht schnell, wenn sich unter der Windel Feuchtigkeit bildet. Da Babys aber auch in den Kniekehlen oder unter den Achseln gerne mal feucht und rot werden, bietet sich Babypuder vor allem für diese Bereiche des Körpers an. Wähle bezüglich der Creme auf jeden Fall eine Wundcreme und trage diese nur dann, wenn es nötig ist, sparsam auf. Selbst wenn sich der Spruch „Vorsorge ist besser als Nachsorge" einer großen Beliebtheit erfreut, trifft er nicht auf das Eincremen des Intimbereiches deines Babys zu.

Worauf muss ich achten, wenn ich mein Baby wasche? Wie schütze ich die Vagina meines Mädchens vor Infektionen? Wie reinige ich die Vorhaut meines Jungen, ohne ihn zu verletzen?

Wenn du dein Baby wäschst, solltest du immer ein paar wichtige Tipps und Hinweise im Hinterkopf behalten:

- Verwende, so oft es geht, nur klares und lauwarmes Wasser und greife nur dann auf Feuchttücher oder Seife zurück, wenn du keine andere Wahl hast. Achte bezüglich der Wahl der Feuchttücher darauf, dass diese wenig Inhaltsstoffe aufweisen und vor allem ohne Parfum sind.

- Rubble die Haut deines Babys auf keinen Fall trocken, sondern lasse es lieber so lange strampeln, bis die Haut trocken ist.

Da sich Jungs und Mädchen anatomisch unter anderem durch ihre Geschlechtsteile – die Vagina und den Penis – unterscheiden, kannst du dir auch bezüglich der Pflege des Intimbereiches deines Babys ein paar nützliche Hinweise zu Herzen zu nehmen.

1) Die Intimpflege bei Mädchen

- Wische immer von vorne nach hinten und nie von hinten nach vorne. Ansonsten können Keime aus dem Darm in die Scheide gelangen und dort nicht nur die Scheidenflora durcheinanderbringen, sondern sogar zu Entzündungen führen.

- Reinige nur die äußeren Schamlippen – niemals im Inneren. Denn die Scheide weist eine Selbstreinigungsfunktion auf, die du nicht stören solltest.

Im Übrigen ist es vollkommen normal, wenn dein Baby manchmal einen weißen Ausfluss aus seiner Scheide hat. Da es meist noch

Hormone der Mutter aufweist, kann es sein, dass diese Hormone diesen Ausfluss verursachen.

2) Die Intimpflege bei Jungs

- Gehe bei der Säuberung des Glieds und des Hodensacks vorsichtig vor. Achte dabei auch darauf, die Leiste und den Bereich, der sich unter den Hoden befindet, dabei nicht zu vergessen.
- Schiebe auf keinen Fall die Vorhaut zurück. Denn diese ist oft mit der Eichel verklebt und kann nicht nur zu Schmerzen, sondern auch zu Rissen und zu Entzündungen bei deinem Baby führen, wenn du diese zurückschiebst.

Wie wichtig ist es, bereits in den ersten Wochen und Monaten die Privatsphäre meines Kindes zu schützen und dafür zu sorgen, dass Windelwechsel und Körperpflege in einem geschützten Raum stattfinden?

Kinder können sich selbst nur schützen und unangemessenes Verhalten anderer Menschen nur dann erkennen, wenn sie wissen, wie sich dieses unangemessene Verhalten gestaltet. Umso wichtiger ist es also für dich als Elternteil, deinem Baby seine Privatsphäre zuzugestehen.

Dein Baby selbst mag mit seiner Privatsphäre noch nichts anfangen können und es wird ihm vor allem in den ersten Wochen und Monaten seines Lebens recht egal sein, wer ihm bei wickeln zusieht. Doch:

- beim Wickeln im Freien unter mehreren Menschen weißt du nie, wer zusieht, und leider haben nicht alle Menschen Gutes im Sinn.
- dein Baby lernt sein Umfeld nach und nach immer mehr kennen. Je früher du ihm durch das Wahren seiner Privatsphäre bezüglich seines Intimbereichs zeigst, dass es sich bei diesem Bereich um ein sehr sensibles Körperteil handelt, lernt es, dass nicht einfach jeder

dieses Körperteil ansehen und anfassen darf. Dein Kind muss lernen, es zu schützen. In diesem Zusammenhang ist auch zu empfehlen, den Geschlechtsteilen keine Spitznamen zu geben, sondern sie beim Namen zu nennen. Ein Penis ist ein Penis und eine Vagina ist eine Vagina – genau wie ein Arm ein Arm und ein Bein ein Bein ist.

Koliken

Vielleicht hast du schon einmal etwas von dem Begriff „Koliken" gehört. Das sind starke und schmerzhafte Krämpfe, die Babys im Bauch verspüren. Ursache für diese Krämpfe sind oft Blähungen, die dein Baby hat, weil sein Verdauungstrakt noch nicht ausgereift ist und/oder weil es sehr schnell trinkt und somit viel Luft schluckt. Für Eltern sind diese Koliken nicht so gut zu ertragen und sie fragen sich diesbezüglich, was sie für ihr Kind tun können, um ihm zu helfen.

Was hilft bei Koliken am besten?

Um bei diesen Koliken etwas Abhilfe zu verschaffen, gibt es ein paar hilfreiche Tipps und Hinweise:

- Massiere den Bauch deines Kindes mit etwas Kümmelöl im Uhrzeigersinn. Achte darauf, nicht zu stark zu drücken und nur die Bauchdecke, aber nicht den Bereich des Darms zu bewegen.
- Mache die typische Fahrradbewegung mit den Füßen deines Babys, um seine Verdauung anzuregen.
- Nehme dein Baby in den Fliegergriff. Es liegt dabei mit dem Bauch auf deinen Unterarm, während sein Kopf auf der Innenseite deines Ellenbogens liegt.
- Binde dein Baby in das Tragetuch und gehe mit ihm spazieren.
- Vermeide – sofern du stillst – Kuhmilchprodukte, da es sein kann, dass dein Baby auf die Lactose reagiert.
- Sofern dein Baby nicht mehr nur voll gestillt wird, kannst du ihm Fencheltee geben.

Hole dir auch bei deiner Nachsorgehebamme oder beim Kinderarzt Tipps und Tricks, um deinem Baby bei den schmerzhaften Krämpfen helfen zu können.

Milchschorf

Bestimmt hast du schon einmal etwas von dem Begriff „Milchschorf" gehört oder ihn auch schon selbst in den Mund genommen. Doch, was ist Milchschorf überhaupt und was hat es mit dem Kopfgneis auf sich? Diese Frage ist deswegen sehr wichtig, weil viele Menschen den Kopfgneis mit dem Milchschorf verwechseln, wobei hinter den beiden Begriffen keinesfalls dasselbe Szenario steht.

Was ist Milchschorf und wie entsteht er?

Wie schon erwähnt, verwechseln sehr viele Menschen den Milchschorf mit dem Kopfgneis.

1) Kopfgneis

Bei dem Kopfgneis handelt es sich um die Schuppen, die sich auf der Kopfhaut deines Babys befinden und die so viele Menschen fälschlicherweise als Milchschorf bezeichnen. Bei dem Kopfgneis geht es in der Regel um nichts, was dein Baby stört oder was ihm Schaden zufügen könnte. Zwar mögen diese Schuppen nicht schön aussehen und in deinen Augen störend wirken. Doch, oft ist das aber nicht der Fall.

In den meisten Fällen heilt der Kopfgneis auch von ganz alleine ab. Möchtest du diesen Abheilungsprozess etwas unterstützen, kannst du sanft etwas Babyöl auf die Kopfhaut deines Babys tupfen und über Nacht einwirken lassen. Am nächsten Tag wäschst du ihm dann die Haare. Erwarte jedoch nicht, dass sich direkt alle Schuppen von der Kopfhaut deines Babys lösen, sondern stelle dich darauf ein, dass dieser Prozess durchaus ein paar Wochen oder gar Monate in Anspruch nehmen kann. Generell verschwindet Kopfgneis innerhalb des ersten Lebensjahres deines Babys.

2) Milchschorf

Bei dem echten Milchschorf handelt es sich um einen juckenden Hautausschlag, der – anders als der Kopfgneis – sehr viel seltener vorkommt und sich nicht nur auf den Kopf und den Nacken des Babys beschränkt, wie es bei dem Kopfgneis der Fall ist, sondern alle Körperbereiche betreffen kann.

Dieser echte Milchschorf bildet sich oft in Zusammenhang mit Neurodermitis, was jedoch nicht heißt, dass der Milchschorf, der bei Babys auftritt, zwangsläufig zu Neurodermitis führt. Milchschorf zeichnet sich durch folgende Symptome aus:

- Entzündungen auf der Kopfhaut oder an anderen Bereichen des Körpers;
- Bereiche, die sehr stark entzündet und somit gerötet und nässend sind;
- Bildung von Hartschuppen;
- gelbe Krusten;
- Bildung von Bläschen;
- starker Juckreiz, der deinem Baby zu schaffen machen kann;

Letztlich ist zu beachten, dass der Milchschorf nicht so schnell wieder abheilt und unter Umständen über Jahre andauern kann.

Wie kann ich Milchschorf effektiv behandeln und mein Baby von dem Juckreiz befreien?

Suche auf jeden Fall deinen Kinderarzt auf, wenn dein Baby nicht Kopfgneis, sondern Milchschorf aufweist, sodass er dir bezüglich der Behandlung helfen kann. Der Kinderarzt kann auch feststellen, ob es sich um Milchschorf oder nur um Kopfgneis handelt.

Führe dir bezüglich der Behandlung von Milchschorf vor Augen, dass Mediziner davon abraten, diesen zu entfernen. Denn das könnte unter Umständen zu folgenden Begleiterscheinungen führen:

- Schmerzen bei deinem Baby, weil die Krusten oft sehr hart sind.
- Wunden, die sich schnell entzünden können, wenn sich Bakterien in ihnen festsetzen.

In der Regel empfehlen Mediziner in dem Fall von Milchschorf folgende Behandlungsmethoden:

- Kühlende Lotionen und Umschläge, die den Juckreiz stillen und zu derselben Zeit die entzündete Haut beruhigen.
- Kortison-Cremes und -Salben, die den Ausschlag und die Entzündung dämpfen.
- Antihistaminika in der Form von Tropfen.

Musik und Lärm

Im Alltag sind Menschen – darunter auch Babys – von Musik und Lärm umgeben, weshalb sich viele Eltern die Frage stellen, wie Babys auf Lärm und allgemein auf Geräusche aus der Umgebung reagieren. Auch hier gibt wieder die Tatsache, dass jedes Baby seine eigene, individuelle Persönlichkeit hat, eine Antwort auf diese Frage. So kann es sein, dass einige Babys sehr stark auf Geräusche aus der Umgebung reagieren, während sich andere Babys wiederum überhaupt nicht gestört fühlen. Am besten sorgst du bereits ab Geburt dafür, dass sich dein Baby an die Umgebungsgeräusche gewöhnt, indem du verhinderst, während der Nickerchen Totenstille in der Wohnung herrschen zu lassen. Sicherlich musst du nicht rumschreien oder den Fernseher aufdrehen. Doch, es dürfen ruhig sanfte Hintergrundgeräusche in der Umgebung vorhanden sein. Beobachte dabei dein Baby und finde so für dich heraus, wie geräuschempfindlich es ist.

Bei welcher Musik können sich Babys gut entspannen?

Zahlreiche Studien haben inzwischen festgestellt, dass Musik einen sehr positiven Effekt auf die Stimmung von Menschen hat. Deshalb kannst du auch bereits bei deinem Baby mit gezielter Musik dazu beitragen, dass es sich besser entspannt:

- Sanfte Melodien wie Schlaflieder oder allgemein ruhige und liebliche Melodien helfen deinem Baby dabei, sich besser zu entspannen.
- Vorsingen – die Stimme der Eltern hat einen verstärkenden Effekt auf die Entspannung des Babys, weil es nicht nur die sanfte Melodie vernimmt, sondern auch die warme Stimme der Eltern mit Liebe, Sicherheit, Geborgenheit und Wohlbefinden verbindet.

Wenn du ihm Schlaflieder oder andere ruhige Melodien vorsingst, gerät es in vielen Fällen noch schneller in einen Zustand der Entspannung.

- Naturgeräusche wie zum Beispiel das Wellenrauschen oder auch Waldgeräusche können deinem Baby auch dabei helfen, sich zu entspannen.
- Das weiße Rauschen, das unter anderem sogenannte „White Noise Geräte“ von sich geben, findest du auch auf Apps oder im Internet. Mehr darüber erfährst du im Folgeabschnitt.

Was ist das weiße Rauschen genau?

Bei dem weißen Rauschen handelt es sich um ein eintöniges Geräusch, das sicherstellt, störende Geräusche aus der Umgebung auszublenden, sodass das Baby sich entspannen und anschließend auch sehr viel besser einschlafen kann. Allerdings solltest du ein solches „White Noise Gerät“ nicht dauerhaft laufen lassen und auch nicht zu nah am Bett deines Babys aufstellen. Zwar können Studien nicht nachweisen, dass dieses Geräusch schädlich für das Baby ist. Doch, solange keine eindeutigen Aussagen dazu getroffen werden können, solltest du es nur in gezielten Situationen und nicht als Dauerbrenner 24 Stunden am Tag einsetzen. Profitiere also mit gebotener Vorsicht von den vorteilhaften, entspannenden Aspekten, die das weiße Rauschen mit sich bringt, und lasse die positive Auswirkung auf dein Baby und euren Alltag als Familie zu.

MUTTER-KIND-ANGEBOTE

Während du während der Schwangerschaft am Schwangerschaftsschwimmen oder am Schwangerschaftsyoga teilnehmen kannst, stehen dir nach der Geburt deines Kindes andere Kursangebote zur Verfügung, an welchen du gemeinsam mit deinem Kind teilnehmen kannst. Doch, was hat es mit diesen Kursangeboten, die in der Regel Hebammen oder andere Fachkräfte anbieten, überhaupt auf sich? Macht es für dich Sinn, die Mutter-Kind-Kurse in Anspruch zu nehmen?

Wie wichtig sind die Mutter-Kind-Angebote?

Wie wichtig die Mutter-Kind-Angebote sind, kann eine pauschale Aussage nicht beantworten. Das liegt unter anderem an der Tatsache, dass es sich um eine Frage handelt, die eine sehr subjektive Antwort von den einzelnen Müttern verlangt. Während einige Mütter die Angebote als sehr sinnvoll und wichtig ansehen, machen sich andere Mütter nichts aus den Kursen und vertreiben sich die Zeit mit ihrem Baby stattdessen anders.

Neben den positiven Aspekten, die die einzelnen Kurse durchaus für dich und dein Baby mit sich bringen können, stellen diese auch immer eine Möglichkeit dar, Kontakte zu knüpfen und somit unter Umständen Freundschaft mit anderen Müttern zu schließen. Du musst also für dich selbst entscheiden, ob Mutter-Kind-Kurse für dich Sinn machen oder nicht. Im Zweifelsfall kostet es dich nichts, an einer Schnupperstunde teilzunehmen (welche viele Kurse anbieten), um dir so selbst eine Meinung bilden zu können.

Welche Mutter-Kind-Kurse gibt es überhaupt?

Wenn du schon einmal einen Blick auf die Angebotsliste verschiedener Mutter-Kind-Kurse geworfen hast, wirst du auch festgestellt haben, dass es sehr viele unterschiedliche Kurse gibt, in welche du dich gemeinsam mit deinem Kind einschreiben kannst. Eine kleine Übersicht der Mutter-Kind-Kurse, aus welchen du wählen kannst, erhältst du nun hier. Behalte dabei aber natürlich auch im Hinterkopf, dass diese Liste auf keinen Fall vollständig ist und dass es in deiner Stadt und Umgebung möglicherweise auch zahlreiche andere interessante Kurse für dich und dein Baby geben kann.

1) Die Babymassage und das Baby-Yoga

Bei diesem Kurs massierst du in erster Linie dein Kind und lernst wie du mit der Massage:

- zur Entspannung deines Babys beitragen kannst.
- Blähungen und Koliken behandelst und erleichterst.

2) Das Babyschwimmen

Wenngleich derartige Kurse die Bezeichnung „Schwimmen" tragen, lernt dein Baby in diesen Kursen weniger das Schwimmen, sondern wird vielmehr an das Wasser herangeführt. Dein Baby kann im Wasser strampeln und du kannst ganz nebenbei sanft deine Muskeln nach der Geburt trainieren, indem du durch den Wasserwiderstand läufst.

3) Die Babyzeichensprache

Wusstest du, dass Menschen vier Arten der Kommunikation kennen? – Verbal, nonverbal, schriftlich und visuell. Da dein Baby nicht verbal und auch nicht schriftlich mit dir kommunizieren kann, ist es für dich vielleicht interessant zu wissen, wie du die Babysprache interpretieren kannst bzw. wie du deinem Baby bestimmte Zeichen beibringen kannst, um mit dir zu kommunizieren.

In Kursen, in welchen du der Babysprache näherkommst, kannst du lernen, mehr Verständnis für dein Baby aufzubringen und mit ihm zu kommunizieren, ohne dass es dafür Worte in den Mund nehmen muss.

4) Die Krabbelgruppen

Bei Krabbelgruppen handelt es sich um die wohl am häufigsten vertretene Art der Mutter-Kind-Kurse. Mütter verabreden sich im Rahmen dieser Gruppen gemeinsam mit ihren Kindern und können sich unterhalten und austauschen, während die Kinder spielen und durch die Gegend krabbeln. Viele dieser Kurse organisieren Eltern selbst. Bei Gemeinden und anderen Einrichtungen kannst du auch fündig werden.

5) Das PEKiP (Prager-Eltern-Kind-Programm)

Beim PEKiP handelt es sich um einen Kurs, der sich vor allem für Mütter mit Babys zwischen 4 und 6 Wochen anbietet. Denn im Rahmen dieses Kurses führst du gemeinsam mit deinem Baby Spiele durch, die es bezüglich seiner Bewegung und all seiner Sinne ansprechen und fördern sollen.

Bei diesem Programm geht es aber nicht nur darum, die Kinder zu fördern. Auch du als Mutter kannst dich austauschen und Erziehungs- und Entwicklungsfragen stellen. Durch die Tatsache, dass Kurse dieser Art oft auf regelmäßige Treffen und feste Gruppen abzielen, die mindestens ein Jahr lang zusammenbleiben, können sich innerhalb dieser Gruppen auch schnell schöne und langlebige Kontakte und Freundschaften ergeben.

6) MAWIBA – Tanzen mit dem Baby

Bei diesem Konzept handelt es sich um einen Kurs, bei dem du dir dein Kind in das Tragetuch bindest oder in deine Babytrage steckst und dann gemeinsam mit ihm tanzt. Das fühlt sich nicht nur für dein Baby schön an, wenn es sich an dich schmiegt und du dich sanft hin und her bewegst, sondern auch du profitierst von diesem Kurs insofern, als dass du langsam wieder aktiv wirst und etwas in Bewegung kommst.

Unter all den vielen Angeboten, die du für dich und dein Baby wahrnehmen kannst, solltest du jedoch nicht vergessen, dir und deinem Baby etwas Ruhe in der Form einer Auszeit zu gönnen. Wusstest du, dass Babys all ihre neuen Erfahrungen und die Reize (die sehr viele sind, weil dein Baby erst viele neue Dinge kennenlernen muss) erst dann verarbeiten, wenn sie schlafen? Wenn ein Baby zu vielen Reizen ausgesetzt ist, kann es nur schwer in den Schlaf finden, was unter anderem auch dazu führen kann, dass es zu einer bestimmten Zeit am Abend aus augenscheinlich nicht erkennbaren Gründen schreit und weint. Stopfe dir deinen Kalender also nicht zu voll, sondern konzentriere dich lieber auf wenige Kurse, die dir und deinem Baby dafür wirklich viel Spaß machen und Freude bereiten.

NAHRUNG

Dein Baby wird im Durchschnitt die ersten sechs Monate seines Lebens Milch bekommen – sei es Muttermilch oder Milchnahrung. Doch, sobald es bereit für die Beikost ist, stellt sich für dich unter anderem die Frage danach, worauf du bezüglich der Nahrung achten musst.

Welche Nahrungsmittel dürfen Babys nicht essen?

Es gibt durchaus ein paar Lebensmittel, die dein Baby nicht essen darf. Behalte diese Lebensmittel immer im Hinterkopf und sorge dafür, dass sie sich nicht auf dem Speiseplan deines Kindes wiederfinden.

1) Honig und Ahornsirup
Diese können Bakterien und Sporen enthalten, die vor allem im ersten Lebensjahr deines Babys zu lebensbedrohlichen Lebensmittelvergiftungen führen könnten. Das liegt unter anderem daran, dass die Darmflora deines Babys im ersten Lebensjahr noch nicht vollständig entwickelt ist.

2) Zucker und anderer Zuckerersatz
Zucker greift die Zahngesundheit deines Babys an und hat aus diesem Grund nichts auf seinem Speiseplan zu suchen. Auch auf Süßstoffe solltest du verzichten, um zu verhindern, dass sich dein Baby zu sehr daran gewöhnt.

3) Salz, Bouillon, etc.
Dein Baby sollte so salzarm wie möglich essen. Isst es vom Familientisch mit, salze erst, wenn du die Portion deines Babys von den anderen getrennt hast. Um den Gerichten Geschmack zu verleihen, kannst du stattdessen frische Kräuter und milde Gewürze nutzen.

4) Käse, Frischkäse und Quark

Da Kuhmilch und andere Milchprodukte viel Eiweiß enthalten, der Körper deines Babys dieses aber nicht verwerten kann, solltest du erst ab dem 7. Monat ganz kleine Mengen Milch und Milchprodukte in den Speiseplan deines Babys integrieren. Andernfalls besteht die Gefahr, dass sie seine Nieren angreifen.

5) Rohmilch, rohe Eier und Rohwurst

Wie du in der Schwangerschaft auf diese Lebensmittel verzichten musstest, haben diese auch in der Ernährung deines Babys nichts zu suchen. Das liegt an Bakterien, die bei deinem Baby zu schweren Krankheiten führen könnten.

6) Schinken, Wurst und Fleischkäse

In diesen Lebensmitteln stecken viel Fett und Salz. Greife lieber auf gegartes und mageres Fleisch zurück.

7) Leber, Wildfleisch und bestimmte Fischarten

Neben Leber und Wildfleisch können auch Fischarten wie Hai, Schwertfisch und Marlin mit Schwermetallen und Dioxinen belastet sein, weshalb diese nicht nur für Kinder unter einem Jahr, sondern auch für Kinder unter drei Jahren gänzlich ungeeignet sind.

8) Rohes Getreide

Rohes Getreide kann die Verdauung deines Babys belasten und bei ihm zu Bauchweh, Erbrechen und Durchfall führen.

9) Weitere Dinge, die nicht auf den Speiseplan deines Babys gehören

- Alkohol zum Kochen
- Schokolade und andere Süßigkeiten
- Innereien

Dinge, an welchen sich dein Baby verschlucken kann, haben ebenfalls nichts in seiner Ernährung zu suchen. Bei Trauben, Kichererbsen, Oliven und anderen runden Lebensmitteln achtest du am besten darauf, diese zu schneiden oder zu pürieren.

Isst dein Baby Babynahrung, musst du dir um diese verbotenen Lebensmittel oft keine großen Sorgen oder Gedanken machen. In der Regel reicht es zudem aus, dich bezüglich der Zubereitung an den Hinweisen zu orientieren, die sich auf der Packung befinden.

Behalte dabei immer im Hinterkopf, dass du angebrochene Babynahrung durchaus im Kühlschrank aufbewahren solltest. Dabei ist davon abzuraten, den Löffel im Brei liegen zu lassen und diesen Brei am nächsten Tag ggf. nochmal zu geben. Es könnten sich Bakterien ansammeln, die du deinem Baby auf diese Weise zufütterst. Um das zu vermeiden, bereitest du am besten eine neue Mahlzeit zu. Milchspeisen solltest du auch nie aufwärmen, sondern immer neu zubereiten.

Wie kann ich sicher gehen, dass das Fläschchen oder der Brei nicht zu heiß für mein Baby ist?

Damit sich dein Baby weder an der Milch noch an den Brei verbrennt, achte darauf, dass diese eine Temperatur von circa 37 Grad Celsius aufweisen. Dass dies der Fall ist, musst du nicht zwingend mit einem Thermometer überprüfen. Es reicht aus, ein paar Tropfen der Milch auf dein Handgelenk zu geben und zu prüfen, ob sie sich angenehm warm oder zu heiß anfühlt.

Ein weiterer Hinweis ist, dass du die Flasche mit der Milch gut und ohne Probleme anfassen kannst. Bezüglich des Breis kannst du mit einem separaten Löffel selbst testen, wie warm er ist.

Wie lasse ich mein Kind aufstoßen? Was kann ich tun, wenn es einfach nicht aufstoßen kann?

In der Regel stoßen Babys nach der Milchmahlzeit, nach dem Stillen oder auch nach einer Breimahlzeit von alleine auf, um sich so von angesammelter Luft zu befreien, die in einigen Fällen (sofern sie nicht ausgestoßen wird) zu Blähungen und somit Bauchweh führen kann.

Lasse dich allerdings nicht verrückt machen, wenn dein Baby nicht aufstößt. Vor allem bei Stillkindern kommt es immer wieder vor, dass sie einfach kein Bäuerchen machen, was keine schlimmen Folgen mit sich bringt.

Um dein Baby jedoch dazu zu animieren, aufzustoßen, kannst du es mit seiner Brust leicht über deine Schulter legen und für einen Moment warten. Verzichte dabei auch auf das Klopfen mit deiner Handfläche auf seinen Rücken – das ist für das Aufstoßen nicht förderlich. Mache dir nicht zu große Gedanken und, wenn dein Baby nach 10 Minuten immer noch nicht aufgestoßen hat, holt es dieses Bäuerchen vielleicht etwas später nach.

Nägel

Dein Baby wächst und mit ihm wachsen seine Nägel an den Händen und an den Füßen. Während die Nägel in den ersten sechs Wochen nach der Geburt eine weiche Beschaffenheit aufweisen und somit nicht danach verlangen, geschnitten zu werden, solltest du nach Ablaufen dieses Zeitraums die Nägel angemessen pflegen. So kannst du verhindern, dass sie einwachsen und dass sich dein Baby damit selbst verletzt.

Besorge dir für diese Zwecke am besten eine spezielle Nagelschere, die sich durch eine abgerundete Spitze auszeichnet. Nur so kannst du die Nägel deines Babys schneiden und gleichzeitig verhindern, es dabei aus Versehen zu verletzen.

Kümmerst du dich regelmäßig um die Pflege der Nägel deines Babys – was du auf jeden Fall machen solltest –, kannst du auch auf eine Glasfeile zurückgreifen, mit welcher du die Nägel ganz einfach und sanft feilen kannst.

Sollte deinem Baby die Nagelpflege keinen Spaß machen, bietet es sich an, diese fest in die Routine einzuplanen. Die Zeiten nach dem Baden, während des Stillens oder des Gebens des Fläschchens stellen dabei beliebte Zeitpunkte dar. Einige Eltern schneiden die Nägel ihres Babys auch im Schlaf, wenn dieses zu zappelig ist und sich nicht ablenken lässt.

OBHUT ANDERER MENSCHEN

Das Thema „Fremdbetreuung“ spielt für viele Eltern eine sehr wichtige und nicht zu unterschätzende Rolle. Vielleicht fragst auch du dich, wie es mit der Fremdbetreuung deines Babys aussieht, wie du es schaffst, anderen Menschen zu vertrauen und das Vertrauen zu anderen möglichen Bezugspersonen aufzubauen, sodass du dein Baby in ihre Hände geben kannst.

Wann kann ich mein Baby das erste Mal in die Obhut anderer Menschen geben? Wie sollte ich das Baby darauf vorbereiten?

Sehr viele Experten weisen inzwischen darauf hin, dass Babys vor allem in den ersten drei Jahren ihres Lebens am besten in der Obhut ihrer Eltern aufgehoben sind. Allerdings handelt es sich bei dieser Betreuung nicht immer um eine Möglichkeit, die Eltern haben. Einige Eltern müssen nach einer bestimmten Zeit wieder Voll- oder zumindest Teilzeit arbeiten gehen, um Geld in die Familienkasse zu bringen.

Natürlich kann dabei niemand sagen, wann der beste Zeitpunkt ist, um dein Baby in die Obhut anderer Menschen zu geben, und ob sich die Betreuung durch die Oma und den Opa, durch die Tante und den Onkel oder durch Erzieher in einer Kinderkrippe besser für die Fremdbetreuung anbietet. Auch die Möglichkeit der Tagesmutter steht Eltern dabei oft zur Verfügung, sodass du vielleicht gar nicht weißt, was nun das Beste für dein Kind ist.

Im Grunde genommen musst du für dich selbst feststellen und erkennen, wann der passende Zeitpunkt gekommen ist, um dein Baby in Obhut anderer Menschen zu geben, indem du es beobachtest und mit seinem Charakter, seinen Wünschen und Bedürfnissen kennengelernt hast. Erst dann kannst du einschätzen, wie dein Baby auf die

Betreuung in Händen anderer Menschen reagieren wird, und die ersten Versuche starten. Eine sanfte Eigewöhnung spielt in diesem Zusammenhang eine sehr wichtige Rolle, damit dein Baby nicht geschockt ist und sich an weitere Bezugspersonen gewöhnen kann. Im Übrigen merkt dein Baby deine innere Einstellung und wird diese auf sich übertragen. Wenn es merkt, dass du dich unsicher fühlst, wird es selbst auch unsicher sein und sich kaum auf die Betreuung durch andere Menschen einlassen können.

Bereite dein Baby am besten an die Obhut durch andere Menschen vor, indem du:

- sicherstellst, dass es erst einmal ein Vertrauensverhältnis zu der Person aufbauen kann, bevor du es mit ihr alleine lässt. Am besten lädst du die Betreuungsperson nach Hause ein, triffst dich mit ihr und deinem Baby draußen oder wartest anfangs in der Einrichtung, in die das Baby gehen soll, bevor es ein paar Stunden alleine dort bleibt.
- mit deinem Baby positiv über die Betreuungsperson sprichst und ihm somit eine grundlegend positive Einstellung mit auf den Weg gibst.
- deinem Baby die Zeit gibst, die es brauchst, und es nicht drängst. Solltest du merken, dass es noch nicht bereit ist, und würdest du die Möglichkeit haben, es weiter bei dir zu betreuen, solltest du diese Möglichkeit nutzen.
- dir eine Tagesmutter suchst, die möglicherweise etwas kleinere Gruppen an Kindern betreut.

Generell sollte es sich sowohl für dich als auch für dein Baby gut und richtig anfühlen. Auf keinen Fall solltest du dich von anderen Menschen und dem Druck, der von ihnen ausgeht, dazu verleiten lassen, dein Baby zu früh in die Obhut anderer Menschen zu geben, wenn du und dein Baby noch nicht dazu bereit seid.

Wie prüfe ich, ob jemand meinen Erwartungen gerecht werden kann?

Niemand kann dich und das andere Elternteil ersetzen. Niemand kann deine Rolle einnehmen und niemand kann so mit deinem Baby umgehen wie du. Die Bindung zwischen dir und deinem Baby ist einzigartig. Doch, dein Baby kann neben dir und dem anderen Elternteil auch andere Bezugspersonen haben, die sein Leben bereichern können. Sicherlich ist es dabei wichtig, dein Baby nicht einfach in die Hände vollkommen fremder Menschen zu geben, sondern vorher zu prüfen, ob du ihnen vertrauen kannst, und sicherzustellen, dass sie deinen Erwartungen gerecht werden.

Behalte dabei die folgenden hilfreichen Hinweise im Hinterkopf:

- Sprich offen über deine Erziehungsansichten, um ein Gefühl dafür zu entwickeln, welcher Wind weht, und was somit auf dein Baby zukommt. - Behalte dabei im Hinterkopf, dass es nicht unbedingt negativ sein muss, wenn dein Baby lernt, dass bei anderen Menschen andere Regeln herrschen. Solange dein Baby weder psychisch noch physisch missbraucht wird und eine angemessene Betreuung und Begleitung erhält, darf der Erziehungsstil der anderen Betreuungsperson durchaus etwas von deinem eigenen Erziehungsstil abweichen.
- Hospitiere in der Einrichtung und sehe somit aktiv dabei zu, wie die Erzieher und Erzieherinnen mit den Kindern umgehen und wie sich der Alltag gestaltet. - Durch die Beobachtung kannst du besser einschätzen, ob du den Betreuungspersonen vertraust oder

nicht und ob sich die Einrichtung für dein Baby anbietet oder nicht.

- Gebe dich nicht zufrieden. - Lasse dich nicht von der Dringlichkeit treiben, sondern sehe dich immer gut um, bevor du dein Baby in die Obhut anderer Menschen gibst. Für dich muss es sich richtig anfühlen und du musst dein Kind guten Gewissens „abgeben" können. Natürlich fällt das niemals leicht. Doch, es ist für dich wichtig zu prüfen, wie die Grundstimmung und die Grundeinstellung in dir aussehen.

Wann muss ich mein Kind für den Kindergarten/die Krippe anmelden?

In Deutschland gibt es keine Pflicht, die dich dazu verpflichtet, dein Baby in die Kita oder in den Kindergarten zu schicken. In der Tat gibt es immer mehr Eltern, die sich dazu entscheiden, ihre Kinder „kindergartenfrei" zu erziehen und somit zu Hause zu betreuen. Wenn du dein Baby jedoch in die Kita schicken möchtest, solltest du dir rechtzeitig einen Platz sichern. Da viele Kitas vollkommen überlaufen sind, kümmerst du dich am besten direkt nach der Geburt darum, dein Baby mit auf die Warteliste zu setzen und ihm somit einen Platz zu sichern.

Auch bezüglich der Einschreibung in den Kindergarten stellst du am besten immer sicher, die Einschreibung rechtzeitig vorzunehmen und dich frühzeitig im Voraus darum zu kümmern, dich nach der richtigen Einrichtung umzusehen.

PUCKEN UND SCHREIBABYS

Das Pucken erfreut sich einer sehr großen Beliebtheit, um Babys dabei zu helfen zur Ruhe zu kommen. Doch, manchmal schreien Babys so viel und können sich einfach nicht beruhigen, sodass die Eltern ganz verzweifelt sind und gar nicht mehr wissen, was sie tun sollen. In diesem Fall liegt die Vermutung nahe, dass das eigene Baby unter die Kategorie der Schreibabys fällt.

Pucken - ja oder nein? Was spricht dafür, was dagegen?

Babys sind es aus dem Mutterleib gewöhnt, nicht sonderlich viel Freiraum bezüglich ihrer Bewegung zu haben. Deswegen fühlen sich einige Babys wohler, wenn sie durch das Pucken Schutz und Geborgenheit erfahren. Denn bei dem Pucken handelt es sich um eine Technik, bei welcher Eltern eine kuschelige Decke mit gezielten Handgriffen und mit der Hilfe einer speziellen Wickeltechnik um den Körper des Babys wickeln und somit verhindern, dass es seine Arme oder seine Beine zu sehr bewegen kann. Das hilft vielen Babys dabei, sich schneller zu beruhigen und somit auch besser in den Schlaf zu finden. Doch, worin liegen die Vor- und Nachteile des Puckens?

1) Die vorteilhaften Aspekte des Puckens

Dass sich das Pucken einer so großen Beliebtheit erfreut, liegt unter anderem an der Tatsache, dass diese Wickeltechnik sehr viele Vorteile mit sich bringt, die sich auf die folgenden Aspekte belaufen:

- ruhigerer und längerer Schlaf;
- unruhige Babys schreien in der Regel weniger;
- Babys können sich nicht auf den Bauch drehen, was mitunter als mögliche Ursache für den plötzlichen Kindstod sein kann.

2) Die nachteilhaften Aspekte des Puckens

Neben den vorteilhaften Aspekten bringt das Pucken auch einige Nachteile mit sich, deren sich Eltern immer bewusst sein sollten, bevor sie sich entweder für oder gegen das Pucken entscheiden. Die nachteilhaften Aspekte umfassen folgende Punkte:

- Bei einer zu festen Wickeltechnik kann es passieren, dass sich Nerven des Babys einklemmen.
- Unter Umständen steigt das Risiko der Fehlstellung der Hüfte (Hüftdysplasie).
- Babys haben weniger Raum, um Luft zu holen und schreien zu können.

Zudem sollten Eltern immer kontrollieren, ob das Baby schwitzt, was unter einer kuscheligen Decke und bei hohen Außentemperaturen nicht selten der Fall sein kann. Aus diesem Grund solltest du bei Fieber und auch bei heißem Wetter draußen auf das Pucken deines Babys verzichten. Unter Umständen könnte es sogar zu einem gefährlichen Hitzestau kommen. Am besten fragst du deine Hebamme nach Tipps und lässt dich bei ihr beim ersten Pucken begleiten.

Wie beruhige ich mein Schreibaby? Wann muss ich mir Hilfe holen?

Babys haben ausschließlich das Schreien als Kommunikationsmittel zur Verfügung und können sich somit auch nur über dieses mit dir in Verbindung setzen. Zudem treffen Babys den ganzen Tag hinweg auf viele Reize, die sie am Abend verarbeiten müssen, was ganz schön anstrengend sein kann. Dieser Anstrengung machen Babys gerne durch Schreien Luft und verleihen ihr dadurch Ausdruck.

Doch, es besteht ein Unterschied zwischen dem „normalen" Schreien und dem exzessiven Schreien eines Babys, das unter die Kategorie der Schreibabys fällt. Als Schreibaby gilt ein Bild in der Regel, wenn es mindestens an drei Tagen in der Woche mehr als drei Stunden, über drei Wochen hinweg schreit und sich nicht beruhigen lässt.

Es ist nicht leicht, wenn das eigene Kind ständig weint. Wenn dann nichts zu helfen scheint, ist es besonders schwer, die Ruhe zu bewahren. Hinzu kommen Überlegungen, was alles mit dem Baby nicht stimmen könnte, wenn es wie am Spieß schreit. Es ist einfach nicht leicht! Du bist kein schlechtes Elternteil, weil dein Baby schreit und du am liebsten mitschreien würdest. Dennoch heißt es in diesen Fällen, so gut es nur geht, die Ruhe zu bewahren. Denn, da kleine Babys Gefühlsmagneten sind und die Gefühle um sich herum – vor allem die ihrer Bezugspersonen – in sich aufsaugen, macht dein Stress die Situation nicht besser, sondern nur noch schlimmer.

Zudem kannst du dich, wenn es sich bei deinem Baby um ein Schreibaby handeln sollte, an den folgenden Hinweisen orientieren:

- Prüfe, ob dein Kind vielleicht wirklich krank ist und ob das Schreien nicht nur mit nicht verarbeiteten Reizen und somit einer großen Anstrengung im Zusammenhang steht, sondern ob die Ursache möglicherweise medizinisch behandelt werden muss.
- Achte auf einen festen Tagesablauf mit festen Routinen, die deinem Kind Sicherheit bieten und somit sicherstellen, dass es nicht in Kontakt mit zu vielen Reizen kommt.
- Massiere dein Baby oder mache ein warmes Bad, bevor es ins Bett geht.
- Verlasse lieber für ein paar Sekunden den Raum, um durchzuatmen und Luft zu holen. Natürlich solltest du dein Baby niemals schreien lassen. Doch, es ist besser, wenn dein Baby für ein paar

Sekunden alleine schreit und du dich kurz sammeln kannst, als wenn du die Nerven verlierst und sich die Situation nur noch mehr hochschaukelt.

Wenn gar nichts helfen sollte, kannst du – sofern du mögliche medizinische Gründe als Ursache für das Schreien ausschließen lassen hast – dich an eine Schreiambulanz wenden. Dort bekommst du die nötigen Hinweise und Tipps.

Wie ist es mit dem Schreienlassen oder Trösten?

Immer mehr Wissenschaftler raten Eltern davon ab, ihre Babys einfach schreien zu lassen und darauf zu warten, dass sie sich von alleine beruhigen. Vielleicht mag ein Baby nach einiger Zeit aufhören, zu schreien und zu weinen. Doch, das macht es nicht, weil es gelernt hat, sich selbst zu regulieren, sondern weil es schlicht und ergreifend die Hoffnung aufgegeben hat, dass jemand kommt und sich um es und seine Bedürfnisse kümmert.

Führe dir immer wieder vor Augen, dass deinem Baby – vor allem in den ersten Lebensmonaten – ausschließlich das Schreien als Kommunikationsmittel zur Verfügung steht. Wenn du dein Baby nicht tröstest und es schreien lässt, ohne auf das Schreien zu reagieren, riskierst du, das Urvertrauen, das eine wichtige Rolle im Leben deines Kindes spielt, zu verletzen. Beruhige deswegen dein Baby, wenn es schreit, und sei für es da.

Das Schreienlassen tut deinem Baby weder gut, noch öffnet es, wie so viele Menschen auch heute immer noch behaupten, die Lunge. Dein Baby schreit, weil es dich braucht, weil es Hunger hat, weil es nicht schlafen kann oder weil es sich nach Geborgenheit sehnt.

Nicht nur viele Wissenschaftler, sondern auch die „La Leche Liga“ rät von dem Schreienlassen von Babys ab und weist Eltern auch darauf hin, dass Schlaftrainings absolut keinen positiven Effekt mit sich bringen. Lasse dich nicht von dem Druck der Gesellschaft dazu verleiten, dein Baby um sein Überleben schreien zu lassen – denn genau das macht es. Dein Baby weiß nicht, dass du hinter der Tür stehst, während es schreit, oder dass du bald zu ihm kommen wirst. Es weiß nur, dass es in dem Moment, in dem es nach einer Bezugsperson schreit, keine Antwort bekommt und dass seine Bedürfnisse, die hinter dem Schreien stecken, nicht erfüllt werden.

Doch, was passiert genau mit deinem Baby, wenn du es schreien lässt? Zunächst steigt das Stresslevel deines Babys und es erfährt Todesangst. Unter Stress herrschen bei weitem keine guten Rahmenbedingungen für das Gehirn, um sich gut zu entwickeln. Eine australische Studie ist diesbezüglich – im Rahmen von Untersuchungen der Ferber-Methode, bei der Babys durch das Schreienlassen schlaftrainiert werden – zu dem Ergebnis gekommen, dass Babys über den Tag hinweg immer wieder Veränderungen bezüglich des Cortisol-Spiegels aufweisen (Cortisol ist ein Stresshormon).

Eine weitere Studie des Department of Child and Adolescent Psychiatry im Sophia Children´s Hospital in Rotterdam ist zu dem Ergebnis gekommen, dass das Stresssystem bei Kindern unter den oben genannten Voraussetzungen reaktiver ist und somit auch sehr viel schneller anspringt. Das wiederum kann auf die Dauer in:

- Ängstlichkeit,
- Verhaltensstörungen und
- Aggression

resultieren.

Sei also für dein Baby da und lasse es auf keinen Fall schreien.

PLAZENTA

Bei der Plazenta handelt es sich um ein wahres Wunder, das sehr viele unterschiedliche Funktionen hat und während der Zeit der Schwangerschaft das Zuhause des Babys darstellt. Zu den Funktionen, welche die Plazenta hat, gehören unter anderem die Folgenden:

- Versorgung des heranwachsenden Babys. Diese Versorgung findet über die Blutgefäße statt. Über diese erreichen sowohl Nährstoffe als auch Sauerstoff das Baby, sodass es wachsen und sich angemessen entwickeln kann.
- Transport der Abfallstoffe ins mütterliche Blut.

Doch, nicht nur während der Schwangerschaft hat die Plazenta viele sehr wichtige Aufgaben. Auch nach der Geburt kannst du von ihr profitieren, weshalb sich unter anderem die Frage danach lohnt, was du nach der Geburt mit der Plazenta machen kannst.

Was soll ich mit der Plazenta machen? Welche Rituale gibt es rund um das Thema?

Was kannst du alles mit deiner Plazenta nach der Geburt machen? Welche Rituale wenden Frauen auf der ganzen Welt an? Vielleicht spricht dich eines dieser Rituale an:

1) Die Lotusgeburt

Bei dieser Option handelt es sich nicht direkt um eine Verwendung der Plazenta, sondern mehr um die Tatsache, dass die Hebammen (oder ggf. der Partner oder eine andere Begleitperson im Kreissaal) nicht die Nabelschnur trennen, die das Kind mit der Plazenta verbindet. Vielmehr sieht es die Lotusgeburt vor, die Nabelschnur an dem

Baby zu lassen und somit auch die Plazenta zu behalten, bis die Nabelschnur nach wenigen Tagen nach der Geburt von alleine abfällt.

In diesem Zusammenhang spielt es eine wichtige Rolle, die Plazenta angemessen zu konservieren. Ansonsten besteht die Gefahr, dass sie fault. Unter Umständen kannst du:

- sie in ein Säckchen mit Speisesalz geben;
- ätherische Öle für einen besseren Duft zu ihr hinzugeben;
- getrocknete Kräuter nutzen, um diese auf die Plazenta zu geben.

Die Vorteile dieser Lotusgeburt sehen die Befürworter in den folgenden Punkten:

- Das Baby und die Eltern empfinden das natürliche Abfallen der Nabelschnur als weniger traumatisch im Vergleich zum Durchtrennen mit der Schere.
- Da sich knapp ein Viertel des Kindsblutes in der Nabelschnur sowie in der Plazenta befindet, soll die Lotusgeburt das Baby vor einem Blutverlust schützen.

Allerdings bieten nicht alle Kliniken die Option der Lotusgeburt an. Solltest du also bereits während der Schwangerschaft die Entscheidung treffen, eine Lotusgeburt machen zu wollen, sprichst du am besten im Voraus mit den Hebammen vor Ort und klärst, inwiefern sie deinem Wunsch der Lotusgeburt nachgehen können.

2) Das Essen der Plazenta

Im ersten Moment mag sich dieser Brauch etwas komisch anhören. Doch, mit einem Blick auf die Natur scheint es vollkommen normal zu sein, dass Tiere ihre Plazenta fressen, wenn die Geburt ihrer Jungen vorbei ist. Sehr viele Säugetiere fressen Ihre Plazenta, weil sie nach der Geburt nicht direkt wieder auf Jagd gehen können und sich durch die Plazenta somit mit Nahrung versorgen, um sich besser um die Jungen kümmern zu können.

Wie du mit Sicherheit weißt, orientieren sich die Menschen in Bezug auf sehr viele Dinge (wie unter anderem das Fliegen) an der Natur. Es stellt somit keine sonderlich große Überraschung dar, dass sich die Menschheit auch den Verzehr der Plazenta nach der Geburt von der Natur abgeschaut hat.

In der Tat stecken in der Plazenta viel Eisen und Vitamin B. Aus diesem Grund essen viele Mütter ihre Plazenta in der Form unterschiedlicher Speisen, wie zum Beispiel einem Smoothie, und erhoffen sich davon viele Vorteile. Eine andere Möglichkeit besteht auch darin, die Plazenta zu trocknen, zu Pulver zu verarbeiten und dann zu essen.

Unter anderem werden diesem Brauch folgende vorteilhafte Aspekte zugesprochen:

- Vorbeugen gegen Depressionen;
- Lindern der Schmerzen (Nachwehen, die nach der Geburt auftreten können);
- Verbesserung des Hautbildes;
- Ankurbelung der Milchbildung.

Natürlich solltest du diesbezüglich nie vergessen, dass die Plazenta auch recht viele Schadstoffe enthalten kann. Schließlich transportiert sie die Abfallstoffe in das Blut der Mutter. Bei diesem Vorgang bleiben immer einige Reste in der Plazenta zurück.

3) Die Herstellung von Plazentanosoden bzw. Globuli aus der Plazenta

Nicht selten haben Frauen Hemmungen davor, die Plazenta zu essen, wollen aber dennoch von den Vorteilen profitieren, die sie mit sich bringen soll. In diesem Fall kann es eine gute Alternative darstellen, sich sogenannte Plazentanosoden herstellen zu lassen.

Bei den Nosoden handelt es sich um ein homöopathisches Arzneimittel, das du in der Form von Globuli einnehmen kannst. Um diese herstellen zu können, brauchst du ein Stück der Plazenta. Es reicht oft ein Stück in der Größe einer Bohne aus. Wenn du die Entscheidung triffst, die Plazentanosoden herstellen lassen zu wollen, gehst du für diese Zwecke vor der Geburt in die Apotheke. Dort bekommst du ein Fläschchen, das eine bestimmte Lösung enthält. In dieses Fläschchen legst du dann nach der Geburt das bohnengroße Stück der Plazenta.

Am besten beauftragst du deinen Partner oder eine andere Person nach der Geburt dazu, das Fläschchen mit der Plazenta wieder in der Apotheke abzugeben. (So kannst du dich besser entspannen und das Wochenbett genießen, ohne direkt von A nach B zu rennen und dich um Erledigungen zu kümmern). Wenig später kannst du dir dort dann die fertigen Globuli abholen.

Doch, worin liegen die positiven Aspekte dieser Globuli? Welche Wirkung wird ihnen zugesagt?

Bei all diesen im Folgenden dargelegten Wirkungen handelt es sich jedoch „nur" um Erfahrungen von Hebammen, Therapeuten und Müttern, welche diese über Generationen hinweg weitergegeben haben und nicht um wissenschaftlich fundierte Aussagen.

Bei der Mutter sollen die Globuli:

- eine schnellere Rückbildung begünstigen;
- die Produktion der Milch anregen und einen späteren Prozess des Abstillens unterstützen;
- Menstruationsschmerzen lindern;

- bei Problemen, die während der Wechseljahre auftreten können, helfen.

Das Kind hingegen soll in den Genuss der folgenden positiven Aspekte kommen:

- Schwächen von Koliken;
- Abhilfe bei Kinderkrankheiten und Kinderinfekten.

Nicht nur Mutter und Kind, sondern auch andere Mitglieder der Familie sollen von den Globuli profitieren können, da diese:

- bei Hauterkrankungen unterstützten;
- Allergien schwächen;
- bei Migräne helfen;
- Atemwegsprobleme verbessern.

Sicherlich können die Kosten für die Herstellung dieser Globuli variieren, in der Regel kannst du mit einem Kostenaufwand von circa 100 Euro rechnen.

4) Die Herstellung von Plazenta-Kosmetik

Vor allem in den 1980er Jahren war es sehr beliebt, die Plazenta zu Kosmetik zu verarbeiten. Inzwischen entscheiden sich nicht mehr allzu viele Menschen für diese Verwendungsart. Doch, wenn du dich dafür interessierst, kannst du dir durchaus Kosmetika, wie Gesichtscremes und Gesichtsmasken herstellen lassen. Wenngleich nicht wissenschaftlich belegt, wird der Plazenta-Kosmetik aufgrund der Wachstumshormone in der Plazenta eine hautverjüngende Eigenschaft nachgesagt.

5) Das Pflanzen eines Baumes

Bestimmt hast du schon einmal etwas von dem Lebensbaum gehört, den du dir unter anderem als Schmuckstück kaufen kannst. Doch, wie wäre es, wenn du dich nicht nur mit einem Lebensbaum in der Form einer Kette, eines Armbandes oder eines Ohrrings schmückst, sondern einen echten Baum des Lebens pflanzt? Wie wäre es, wenn du aus dem Wunder des Lebens, das für neun Monate in deinem Bauch gewachsen ist, ein weiteres Wunder in die Welt setzt, indem du deine Plazenta in den Boden pflanzt und aus ihr einen wundervollen Baum – deinen ganz persönlichen Baum des Lebens – entstehen lässt?

Nicht umsonst weist die Plazenta eine Ähnlichkeit mit einem Baum auf, wenn man diese nach der Geburt genauer betrachtet. Denn die Oberfläche der Plazenta besteht unter anderem aus sehr vielen Verästelungen. Durch diese entstand überhaupt erst der Begriff des Lebensbaums.

Grabe die Plazenta gemeinsam mit einem kleinen Bäumchen in die Erde und sehe dabei zu, wie aus dem Organ, in dem dein Baby gewachsen ist, ein neues Leben entsteht.

6) Das Plazenta-Bild

Viele Frauen wünschen sich eine Erinnerung an ihre Plazenta und lassen diese somit fotografieren. Andere Mütter entscheiden sich hingegen für einen Plazenta-Abdruck.

Für diese Zwecke muss die Plazenta nach der Geburt auf ein Papier gepresst werden. Dies steht im Zusammenhang mit Blut. Eine gute Alternative stellt das Abwaschen der Plazenta dar, um den Abdruck anschließend mit Farbe machen zu können.

7) Das Spenden der Plazenta an die Forschung

Wenn du deine Plazenta nicht weiterverwenden möchtest, kannst du dir überlegen, ob du sie, anstatt sie einfach entsorgen zu lassen, vielleicht an die Forschung spenden magst. Vor allem die Pharmaforschung nutzt diese Organe, um zu prüfen, inwiefern sie sich für die Herstellung von Medikamenten anbieten. Nicht selten fragen die

Hebammen im Krankenhaus nach, ob sie deine Plazenta nach der Geburt für die Forschung spenden dürfen. Du darfst das natürlich ablehnen und musst nicht zustimmen.

Ist es ratsam Stammzellen oder Blut aus Nabelschnur und Plazenta zu konservieren?

Sehr viele Eltern fragen sich, ob sie die Stammzellen oder das Blut aus der Nabelschnur und aus der Plazenta aufbewahren bzw. einfrieren lassen oder ggf. spenden sollen. Diese Frage basiert auf den vielen Vorteilen, die den Stammzellen nachgesagt werden. In der Tat steht außer Frage, dass viele positive Aspekte mit den Stammzellen einhergehen und sie vor allem bezüglich der Behandlung von Leukämie bei Kindern eine wichtige Rolle spielen können.

Die Vorteile beziehen sich konkret auf folgende Aspekte:

- Leichte Abnabelung des Blutes mit den enthaltenen Stammzellen, ohne dass das Kind oder die Mutter etwas davon merken bzw. Schmerzen verspüren.
- In flüssigem Stickstoff kann das Blut mit den Stammzellen über viele Jahre hinweg eingefroren werden.
- Durch die Tatsache, dass die Stammzellen sehr jung sind und sich somit theoretisch noch zu jedem beliebigen Organ entwickeln können, da ihre Funktion noch nicht bestimmt ist, können sehr viele Spender von diesen Stammzellen profitieren.
- Deutlich geringeres Risiko einer Abstoßungsreaktion, weil die jungen Zellen recht unreif und somit nicht sehr gut dazu in der Lage sind, eine abwehrende Reaktion hervorzurufen.

Unter anderem sollen diese Stammzellen dabei helfen können, Blutkrebs und Erbkrankheiten behandeln zu können. Allerdings wenden die Mediziner Blut eines fremden Spenders kaum ein und auch die Verwendung des eigenen Nabelschnurblutes stellt eine große Ausnahme dar. Grund dafür ist die Tatsache, dass sich die Vorläufer der Krebszellen schon vor der Geburt bilden und somit auch zum Teil in der Nabelschnur enthalten sind. Durch die Verwendung der Stammzellen würden diese wieder zurück in den Körper gelangen und somit das Risiko, erneut an Krebs zu erkranken, erhöhen.

Somit musst du für dich selbst entscheiden, ob du die Stammzellen nach der Geburt einfrieren möchtest. Die Forschung ist noch lange nicht am Ende ihrer Kapazitäten angekommen und untersucht die Stammzellen sowie ihren Einsatz und ihre Wirkung weiter. Für die Einlagerung musst du jedoch mit Kosten in der Höhe von 2.000 Euro rechnen.

Routine

Bestimmt hast du schon einmal etwas von der Wichtigkeit der Routine gehört, die nicht nur deinem Baby, sondern auch dir das Leben erleichtern kann. Babys springen mit der Geburt in kaltes Wasser, wenngleich sie noch nicht schwimmen können, und brauchen aus diesem Grund Halt, Sicherheit und Geborgenheit, um sich nicht vollkommen verloren zu fühlen und um sich zu derselben Zeit an das Wasser und seine Temperatur gewöhnen zu können.

Routinen und Rituale sind, wenn du so willst, der Schwimmring, der dein Baby trägt, bis es schwimmen kann, und das Fernglas, das ihm zeigt, dass das Festland direkt vor ihm liegt und es nicht einfach auf offener See schwimmt. Sicherlich tragen die Nähe, die Liebe und die Geborgenheit, die du deinem Baby spendest, dazu bei, dass es sich sicher fühlt. Auch Routinen und Rituale spielen vor allem innerhalb des ersten Lebensjahres eine wichtige Rolle für dein Baby.

Dein Baby lernt nach und nach die einzelnen Rituale und Routinen kennen, kann sich an diesen orientieren und somit ein Gefühl der Sicherheit entwickeln. Es weiß nach und nach, welche Routinen aufeinanderfolgen und merkt somit direkt, welches Ritual auf welches folgt. Finde somit für dich und deine Familie raus, welche Routine sich am besten für euch anbietet und mit welchen Ritualen sich dein Baby am wohlsten fühlt. Es kann sein, dass es gerne erst ein bisschen spielt, bevor es badet, und dann gemeinsam mit dir ein Buch ansieht oder dir dabei zuhörst, wie du ihm ein Buch vorliest.

Ganz egal, was eure Rituale sind und wie sich eure Routine als Familie gestaltet, stellt stets sicher, dass sich die Rituale gut anfühlen und zum Sicherheitsgefühl eures Babys beitragen.

Sollte ich meinem Baby vorlesen?

Das Vorlesen weist sehr viele Vorteile nicht nur für Kleinkinder, sondern auch bereits für Babys auf.

Ratsam ist es, dass du dir für den Moment mit deinem Baby ausreichend Zeit nimmst und somit ermöglichst, dass es in den Genuss der vielen Vorteile kommt, die das Vorlesen mit sich bringt. Unter anderem belaufen sich diese auf folgende Aspekte:

- Bessere Sprachentwicklung;
- Emotionale Bindung zu dem Elternteil, das das Buch vorliest;
- Erweiterung des Wortschatzes, sodass sich dein Baby auch besser ausdrücken kann;
- Förderung der Kreativität sowie
- Erlangen neuen Wissens und besseres Verständnis für die Welt, die dein Baby umgibt.

Damit dein Baby in den Genuss dieser Vorteile kommt, ist es natürlich wichtig, auf ein paar Aspekte zu achten:

- Wähle die passende Vorlesegeschichte;
- Nutze einen ruhigen Moment, um deinem Baby die Geschichte vorzulesen;
- Beziehe dein Baby mit in die Geschichte ein und lasse zu, dass es in das Bilderbuch gemeinsam mit dir auf Entdeckungsreise geht;
- Lese die Texte sehr lebendig vor;
- Integriere das Vorlesen in die tägliche Routine, die du mit deinem Baby hast.

RÜCKBILDUNGSGYMNASTIK

Während des Wochenbettes ist es für dich sehr wichtig, dich zu entspannen, dich an den neuen Alltag als Mama zu gewöhnen und dein Baby kennenzulernen. Erhole dich, ruhe dich aus und gebe deinem Körper ausreichend Zeit, um sich rückbilden zu können. Doch, nicht nur während des Wochenbettes finden die Veränderungen bezüglich deines Hormonhaushaltes und die Rückbildung in deinem Körper statt, sondern auch nach dem Ende des Wochenbettes bildet sich dein Körper weiterhin zurück.

Wie es auch bei der Wiederherstellung des Normalzustandes deines Hormonhaushaltes der Fall ist, brauchen auch deine Organe in der Regel circa 9 Monate, bis sie alle wieder an ihrer richtigen Position sind und sich somit dein gesamter Körper wieder in dem Zustand befindet, in dem er vor der Schwangerschaft war.

Um deinen Körper in der Rückbildung schützen zu können, ist es wichtig, dass du die sogenannte Rückbildungsgymnastik machst. Du kannst diese entweder über das Internet machen oder dich an deine Nachsorge-Hebamme wenden, die entweder selbst einen Rückbildungskurs anbietet oder dich an einen Kurs weiterleiten kann.

Wie wichtig ist die Rückbildungsgymnastik?

Die Rückbildungsgymnastik spielt nach der Geburt eine sehr wichtige Rolle für dich, um deinen Beckenboden zu stärken und somit sicherstellen zu können, dass er seiner Funktion nachkommt. Allerdings solltest du es dabei nicht direkt übertreiben und das Wochenbett sowie die Erholung und die Entspannung, die in diesen ersten sechs bis acht Wochen nach der Geburt eine fundamentale und tragende Rolle spielen, ernst nehmen.

Solltest du einen Kaiserschnitt gehabt haben, gibst du deinem Körper am besten etwas mehr Zeit und startest erst nach circa acht bis zehn Wochen mit der Rückbildungsgymnastik.

Es spricht nichts gegen Spaziergänge, solange du dich wohlfühlst. Doch, in erster Linie solltest du dir so viel Ruhe und Entspannung gönnen wie nur möglich.

Aus diesem Grund beginnst du am besten erst zum Ende des Wochenbettes mit der Rückbildungsgymnastik. Innerhalb dieser Zeit hat dein Körper auch genug Zeit, um mögliche Verletzungen, die unter der Geburt am Damm oder an der Scheide entstehen können, abzuheilen. Natürlich kannst du dich auch noch einmal von deiner Nachsorgehebamme untersuchen lassen, um vollkommen sicherstellen zu können, dass dein Körper für die Rückbildungsgymnastik bereit ist.

Der Rückbildungskurs ist aus dem Grund so wichtig, weil er mit gezielten Übungen dazu beiträgt, deinen durch die Schwangerschaft und die Geburt geschwächten Beckenboden wieder zu stärken. Es geht also nicht darum, auf schnelle Weise wieder zum „After-Baby-Body“ zu kommen, sondern dich in Zukunft vor Inkontinenz zu schützen.

Durch die Rückbildungsgymnastik:

- bekämpfst du die Belastungs-Inkontinenz, die nach der Geburt auftreten kann.
- wirkst du der Rectus Diastase entgegen. Bei ihr handelt es sich um den Spalt zwischen den geraden Bauchmuskelsträngen. Solange dieser Spalt offen ist, solltest du auf starkes Bauchmuskeltraining verzichten.
- stärkst du deinen Beckenboden.
- beugst du Schmerzen im Becken- und Rückenbereich vor.

- kann dein späteres Empfinden beim Sex intensiver ausfallen.

Im Übrigen solltest du die Rückbildungsgymnastik immer machen – nicht nur dann, wenn du Beschwerden hast. Es gilt bezüglich der Häufigkeit zwar, die Übungen mehrmals durchzuführen. Zu derselben Zeit ist zu beachten, die Qualität vor die Quantität zu stellen. Sprich: Es ist wichtig, die Übungen durchzuführen, allerdings ist es deutlich wichtiger, sie richtig auszuführen und aufzuhören, wenn es zu anstrengend wird. Verzichte unbedingt darauf, deinen Körper maßlos zu überfordern. Am besten führst du die Rückbildungsgymnastik mehrmals pro Woche mit nicht zu vielen Durchgängen der Übungen durch und bleibst am Ball.

Wie häufig tritt Inkontinenz nach der Geburt auf? Was kann ich dagegen tun? Gibt es spezielle Beckenbodenübungen, die helfen?

Es kommt durch den geschwächten Beckenboden nach der Geburt durchaus vor, dass Frauen unter einer temporären Inkontinenz leiden. Circa 20 bis 30 Prozent der Frauen, die gerade entbunden haben, leiden unter ihr, können ihr aber durch die Rückbildungsgymnastik Abhilfe schaffen.

Behalte dabei auch immer im Hinterkopf, dass ein Unterschied zwischen der temporären Inkontinenz nach der Geburt und der Inkontinenz, die später im Alter auftreten kann, besteht. Du kannst die Inkontinenz nach der Geburt nicht nur mit der Rückbildungsgymnastik beheben, sondern auch der späteren Inkontinenz vorbeugen.

Wende dich am besten direkt an die Hebamme, die den Rückbildungskurs leitet, um dir von ihr die entsprechenden Übungen zeigen zu lassen, die nicht nur deinen Beckenboden stärken, sondern auch die Inkontinenz nach der Geburt behandeln.

Eine Übung besteht unter anderem darin, den Urinstrahl, während du auf die Toilette gehst, an und an für ein paar Sekunden zu halten, den Urin dann laufen zu lassen und den Strahl anschließend wieder zu halten. Diese Übung kannst du aber nicht nur auf der Toilette, sondern auch einfach im Sitzen durchführen:

- Setze dich hin und stelle dir vor, du würdest auf der Toilette sitzen.
- Atme tief ein.
- Während des Ausatmens spannst du deine Muskeln im Beckenbereich so an, als wolltest du den Urinstrahl stoppen.
- Während des nächsten Einatmens lässt du die Anspannung langsam nach.

Führe diese Übung zwei Mal täglich mit jeweils 10 Durchgängen durch und merke von Mal zu Mal, wie du die Spannung in deinen Muskeln immer länger halten kannst. Für weitere Übungen gegen die Inkontinenz wendest du dich, wie gesagt, am besten an deine Hebamme in deinem Rückbildungskurs.

Wie kann ich meinen Alltag beckenbodenfreundlich gestalten?

Neben den Übungen der Rückbildungsgymnastik, die deinen Beckenboden stärken, kannst du dir auch weitere Tipps zu Herzen nehmen, die deinen Alltag deutlich beckenbodenfreundlicher gestalten:

- Entlaste deinen Beckenboden durch die Bauchlage. Du kannst auch gut ein Stillkissen nutzen und es dir so zurechtlegen, dass du es gemütlich zwischen die Beine nimmst und dich leicht auf den Bauch drehst.

- Gehe regelmäßig auf die Toilette, um deine Blase zu leeren. Denn es ist nach der Geburt vollkommen normal, dass Frauen ihre gefüllte Blase nicht direkt wahrnehmen. Je gefüllter die Blase ist, umso mehr Druck übt sie jedoch auf den Beckenboden aus.

- Trinke viel und achte auf deine Ernährung, sodass der Stuhlgang weich ist. So verhinderst du, zu stark drücken zu müssen und den Beckenboden zu beanspruchen.

- Trage lockere Kleidung, um den Beckenboden nicht einzuengen. Dieser ist nämlich direkt mit deinen unteren Bauchmuskeln verbunden.

- Richte dich nie gerade aus der Liegeposition auf, sondern drehe dich immer erst auf die Seite.

- Achte auf eine stets aufrechte Haltung, die nicht nur deinen Beckenboden schont, sondern zu derselben Zeit auch die Muskulatur in deinem Rücken stärkt.

- Stelle dich immer hüftbreit hin und verteile das Gewicht gleichmäßig auf beiden Füßen. Verzichte darauf, dich ins Hohlkreuz zu begeben oder deinen Rücken zu sehr durchzustrecken.

- Trage nicht schwer. Dein Baby ist dabei die Ausnahme – du darfst es natürlich in deinen Armen tragen, wobei sich die Verwendung einer Tragehilfe wie einem Tragetuch oder einer Babytrage deutlich beckenfreundlicher gestaltet und auch sonst viele weitere Vorteile mit sich bringt. Mehr über diese erfährst du im Abschnitt „Halten und Tragen des Babys“.

- Wenn du merkst, Husten oder Niesen zu müssen, nimmst du am besten eine aufrechte Haltung ein und drehst dich während des Hustens oder des Niesens zur Seite. Das ist für deinen

Beckenboden deutlich angenehmer, als wenn du dich in eine runde und nach vorne gebeugte Lage begibst.

Rücksicht und erste Hilfe

Eltern wollen das Beste für ihr Kind. Sie wollen, dass es ihm gut geht, dass es gesund ist und dass ihm nie etwas passiert. Sicherlich ist es auch wichtig, nicht mit der konstanten Angst, dem Kind könnte etwas passieren, durch das Leben zu gehen. Denn Kinder nehmen auch Gefühle auf, die du zu unterdrücken versuchst. Spürst du diese konstante Angst und machst du dir ständig Sorgen, wirkt sich das auch auf dein Kind aus. Du kannst dir das in etwa so vorstellen:

Du bist der feste Anker deines Kindes. Wenn dieser Anker aufgrund von zu vielen Sorgen und Gedanken ins Schwanken kommt, fühlt sich dein Baby auf einmal unsicher und verloren, weil sein einziger sicherer Anker nun doch nicht so sicher zu sein scheint.

Für dich ist es aus diesem Grund wichtig, eine Balance zwischen der Vorsicht und der Übervorsicht zu finden und zu lernen, mit deinem Baby richtig umzugehen. Denn in jedem Baby steckt ein kleiner Entdecker, der die Welt kennenlernen möchte. Maßgeblich ist, dass es nicht voller Angst und Übervorsicht aufwächst und gleichzeitig natürlich darauf vertrauen kann, dass seine Eltern es vor gefährlichen Situationen beschützen.

Sollte ich mein Baby in Watte packen und am besten nie das Haus verlassen?

Zunächst einmal ist es wichtig zu verstehen, dass das Leben nicht nur schwarz und weiß ist und dass du somit nicht nur vor der Entscheidung stehst, dein Baby entweder überall mit hinzunehmen oder es in Watte zu packen. Das Leben setzt sich aus vielen unterschiedlichen Farben zusammen, die durch die verschiedenen farblichen Nuancen für eine wundervolle und kunterbunte Untermalung sorgen.

Zwischen „entweder“ und „oder“ stecken somit zahlreiche Möglichkeiten, die du nutzen kannst und die somit eine Antwort auf deine Frage geben.

An und für sich ist es normal, dass du dein Baby am liebsten in Watte packen und somit vor allem und jedem beschützen würdest. Doch, dein Baby muss die Freiheit haben, Erfahrungen zu sammeln. Es muss die Freiheit haben, sich ausleben und seine Umgebung entdecken zu dürfen.

Für dich ist es wichtig, eine Lösung und somit deinen eigenen Weg zu finden, der sich für dich gut und richtig anfühlt. Behalte dabei im Hinterkopf, dass dein Baby nur dann Erfahrungen machen kann, wenn du es nicht in Watte packst. Zu derselben Zeit ist es so, dass das Baby natürlich viele Dinge noch gar nicht weiß und du aus diesem Grund die Verantwortung dafür trägst, die Rahmenbedingungen sicher zu gestalten. Sofern die Rahmenbedingungen stimmen, kannst du dein Baby seine Erfahrungen machen lassen. Wie sagt man doch so schön? – Niemand kann aus den Erfahrungen eines anderen Menschen lernen, sondern jeder muss seine eigenen Erfahrungen machen. Es ist wichtig, dass das Baby nicht nur seine eigenen körperlichen Grenzen kennenlernt, sondern auch in Kontakt mit negativen Gefühlen kommt und somit den Umgang zu ihnen lernt.

Sicherlich ist es nicht schön, das eigene Baby vor Frust weinen zu sehen oder es zu trösten, wenn es sich gestoßen hat. Doch, Babys sind robust und halten einiges aus, weshalb du sie durchaus ihre Umgebung erkundigen lassen solltest. Gehe mit deinem Baby nach draußen, lasse es spielen und entdecken und stelle immer sicher, dass die Rahmenbedingungen stimmen. Sprich: es sollten sich keine Gegenstände in der Nähe befinden,:

- an welchen sich dein Baby verschlucken kann.

- die mit scharfen Ecken oder Kanten zu Verletzungen führen könnten.

Was den Rest angeht – lasse dein Baby seine Umwelt entdecken. Lasse es seine Erfahrungen machen und sei stets als fester Anker bei ihm. Übertrage deine Unsicherheiten nicht auf dein Kind, sondern ermutige es dazu, sich selbst kennenzulernen und seine neuen Eindrücke zu sammeln.

Im Übrigen kann dir dabei bereits helfen, „Ja"-Formulierungen in den Mund zu nehmen und auf das Wort „nicht" zu verzichten. Warum?

- „Ja"-Sätze klingen sehr viel positiver und lenken somit den Blick auf den Vorteil in einer Situation. Ist dein Kind vielleicht noch zu klein, um auf die Rutsche zu klettern? Na, wie wäre es, wenn wir einfach zusammen rutschen oder wenn ich dir auf die Rutsche helfe?

- Die beiden Worte „Nein" und „Nicht" finden vor allem bei Eltern einen sehr großen Gebrauch. Wenngleich man meinen könnte, dass sich Wörter – anders als Gegenstände – nicht abnutzen können, sind diese beiden Worte das beste Beispiel dafür, dass das durchaus möglich ist. Vor allem in den ersten beiden Lebensjahren zeichnet sich die kindliche Sprache dadurch aus, nur rudimentär entwickelt zu sein. Wörter, die das Kind oft hört, werden als „unwichtig" gefiltert. Sprich: Dein Kind nimmt diese Worte einfach nicht mehr wahr, wenn du sie zu oft in den Mund nimmst. Ganz nach dem Motto „Der Ton macht die Musik" kannst du aus diesem Grund auf deine Formulierung achten und die Worte „Nein" und „Nicht" somit nur in wirklich notwendigen Situationen benutzen.

Muss sich mein Baby zu Ruhezeiten immer automatisch zu Hause befinden?

Babys schlafen den Tag hinweg sehr viel. Selbst wenn sich das Schlafbedürfnis wie so viele Dinge bezüglich der Entwicklung des Babys innerhalb des ersten Lebensjahres immer wieder ändert und dein Baby somit immer mehr Stunden am Tag wach sein wird, wird es trotzdem weiterhin viel schlafen und auch Mittagsschläfchen halten.

An und für sich bietet es sich natürlich an, das Mittagsschläfchen nach dem Mittagessen zu Hause zu halten. Doch, das stellt kein Muss dar. Du musst deinen Alltag nicht so planen, dass dein Baby immer zu Hause ist, wenn es schläft. Wenn es auch im Kinderwagen oder im Tragetuch schläft, kannst du dich mit ihm draußen aufhalten. Ein Vorteil dessen ist natürlich, dass es sich daran gewöhnt, auch mit Hintergrundgeräuschen zu schlafen. Herrscht dauerhaft absolute Stille bei dir zu Hause, besteht die Gefahr, dass dein Kind später nicht schlafen kann, wenn etwas Lärm vorhanden ist.

Natürlich ist auch hier immer wieder deine Einschätzung als Elternteil gefragt. Denn unter Babys finden sich natürlich auch hochsensible Kinder wieder, die sehr stark auf Reize reagieren und somit abends stundenlang schreien und weinen, weil sie diese Informationen alle verarbeiten müssen.

Diese sogenannte Reizüberflutung kannst du natürlich am besten verhindern, indem du deinem Baby nicht zu vielen Reizen aussetzt und demnach sicherstellst, es nicht zu oft von einem Ort zum anderen zu bringen. In diesem Fall bietet es sich an, die Ruhezeiten zu Hause zu verbringen. Du als Elternteil kennst dein Kind am besten und solltest auch selbst einschätzen, inwiefern es auf Ausflüge reagiert und inwiefern du die Ruhezeiten auch draußen verbringen kannst.

Ich habe große Angst vor dem plötzlichen Kindstod. Was kann man tun, um diesen zu vermeiden?

Bereits in dem Moment, in dem die beiden Streifen auf dem Schwangerschaftstest erscheinen, machen sich Eltern Sorgen um ihr Baby. Diese Sorgen ziehen auch nicht mehr aus deinem Leben aus – selbst dann nicht, wenn dein Kind irgendwann erwachsen ist. Du lernst jedoch, mit diesen Sorgen zu leben und Maßnahmen zu treffen, die dein Kind in Sicherheit bringen.

Eine sehr große Angst, die Eltern neugeborener Babys begleitet und die ihnen sehr zu schaffen macht, stellt die Angst vor dem plötzlichen Kindstod (der auch die Bezeichnung SIDS hat) dar. Zwar scheint die Wissenschaft immer noch keine genauen Aussagen bezüglich der Ursachen treffen zu können. Doch, durch gezielte Empfehlungen und Vorkehrmaßnahmen ist die Zahl der Kinder, die in Deutschland an dem plötzlichen Kindstod sterben, um nahezu 80 Prozent gesunken.

Für dich spielt es eine wichtige Rolle, zunächst einmal einen kühlen Kopf zu bewahren und dich nicht von der Angst beherrschen zu lassen. Zu derselben Zeit ist es aber durchaus richtig und wichtig, dir ein paar Tipps zu Herzen zu nehmen, die Wissenschaftler bezüglich der Vorbeugung des plötzlichen Kindestods geben:

- Achte darauf, dass dein Kind auf dem Rücken schläft, um so für eine freie Atmung zu sorgen. Kann dein Baby nur auf dem Bauch einschlafen, drehe es anschließend, wenn es schläft, zurück auf den Rücken.
- Verzichte auf eine Decke und nutze stattdessen einen Schlafsack, in den das Baby nicht so weit rutschen kann, als dass es diesen über seinen Kopf bekommen könnte.

- Lege dein Kind mit zu dir ins Zimmer. Es muss nicht zwingend mit in deinem Bett schlafen. Doch, es sollte, wenn möglich, mit im gleichen Zimmer schlafen. Es hört den Atem der Eltern und passt seinen Atem unbewusst an diesen an. Die Atemregulation profitiert somit sehr davon, wenn das Baby in der Nähe der Eltern schläft. Außerdem kannst du so direkt bemerken, wenn dein Kind Atemunregelmäßigkeiten aufweisen sollte.
- Nutze für dein Baby eine feste und luftdurchlässige Matratze.
- Dein Baby sollte ohne Kopfkissen schlafen.
- Fellunterlagen oder Nestchen haben im Bett nichts zu suchen.
- Kuscheltiere bringen nicht nur eine Erstickungsgefahr mit sich. Kleine Teile oder Fussel können zudem in die Atemwege deines Babys gelangen. Verzichte deshalb auf sie oder nehme sie aus dem Bett, wenn dein Baby eingeschlafen ist.
- Schläft das Baby mit im Familienbett, solltest du sicherstellen, dass keiner der beiden Eltern raucht.
- Verzichte auf eine zu große Wärme im Zimmer. Die ideale Raumtemperatur liegt zwischen 16 und 18 Grad.
- Sofern du stillst, solltest du das solange wie möglich tun. Das liegt nicht nur an den vielen Vorteilen, die das Stillen allgemein mit sich bringt. Gestillte Kinder neigen in der Nacht dazu, öfter aufzuwachen. Das wiederum senkt die Gefahr eines Atemstillstandes enorm.

Nehme dir diese Tipps und Hinweise zu Herzen und lasse dich nicht von der Angst treiben. Dein Kind spürt, wenn du Angst hast, und wird dadurch unsicher. Wende dich unter Umständen an deine Hebamme oder an den Kinderarzt, um über deine Ängste und Sorgen zu sprechen. Über Sorgen und Ängste zu sprechen und die Meinung einer Fachkraft zu hören, kann meist schon viel helfen.

Was kann ich tun, wenn mein Kind sich verschluckt? Wie wichtig ist ein Erste-Hilfe-Kurs speziell für Babys?

Es kann durchaus vorkommen, dass sich ein Baby verschluckt, was schlicht und ergreifend auf der Tatsache basiert, dass Babys und Kleinkinder ihre Umwelt mit dem Mund entdecken. Ganz egal was sie finden, stecken sie es sich in den meisten Fällen auf direktem Weg in den Mund.

Wenn sich dein Baby verschluckt, ist es wichtig zu wissen, was du tun kannst. Habe im Zweifelsfall keine Hemmungen davor, einen Notruf abzusetzen. Selbst wenn dein Baby das Lebensmittel oder den Gegenstand wieder raushustet, hast du den Notruf lieber einmal zu oft als einmal zu wenig gemacht.

Zudem ist ratsam, aber natürlich nicht immer leicht, die Ruhe zu bewahren – so schwer es auch fällt. Wenn du als fester Anker deines Babys anfängst, zu schreien und in Panik zu verfallen, ist das ein weiterer Schock für dein Baby und die Situation kann unter Umständen kritisch werden. In vielen Fällen reicht es in der Regel aus, das Kind zum Husten zu ermuntern, sofern du natürlich vorher prüfst, dass es weiterhin atmen und vielleicht auch Geräusche von sich geben oder sprechen kann.

Babys und Kleinkinder sind außerdem besonders gefährdet, sich zu verschlucken, weil:

- das Gebiss noch nicht vollständig ausgebildet ist.
- sich der Schluckreflex dadurch auszeichnet, noch unkoordiniert zu sein.

- sich Kinder sehr leicht ablenken lassen und sich nicht auf das Essen konzentrieren.

Merkst du, dass dein Baby das Lebensmittel oder den Gegenstand nicht von alleine aushustet, kannst du ihm mit der „Rückenklopfmethode" helfen, wieder Luft zu bekommen. Nun fragst du dich vielleicht, warum das sog. „Heimlich-Manöver" hier nicht erwähnt wurde. Der Grund dafür ist, dass bei Kindern unter einem Jahr diese Methode nicht verwendet wird, weil sie eine zu große Gefahr der Leberverletzung mit sich bringt.

1) Die Rückenklopfmethode

Bei der Rückenklopfmethode gehst du wie folgt vor:

- Halte dein Baby mit dem Kopf nach unten und mit dem Bauch auf deinen Oberschenkeln abgestützt.
- Stütze den Kopf deines Babys dabei mit deiner Hand in der Höhe des Kiefers deines Babys. Achte dabei darauf, nicht auf seinen Hals zu drücken.
- Schlage nun mit deinem Handballen fünf Mal kräftig auf den Rücken deines Babys zwischen die Schulterblätter.

Solltest du mit dieser Rückenklopfmethode nicht erfolgreich sein, verfährst du wie folgt weiter:

- Drehe dein Baby auf den Rücken. Dabei stützt du seinen Kopf mit deiner Hand so im Nacken, dass er nach unten gebeugt ist.
- Suche nun die Mitte des Brustbeins deines Babys und führe 5 Kompressionen durch (wie bei einer Herzdruckmassage). So versuchst du, den Fremdkörper zu lösen.
- Anschließend kannst du wieder die Rückenklopfmethode durchführen.

Um dein Kind vor dem Verschlucken zu schützen, ist es wichtig, die richtigen Rahmenbedingungen zu schaffen und ihm keine Angst vor dem Essen zu machen. Sicherlich verlangen Lebensmittel wie:

- Nüsse,
- Kerne,
- ganze Trauben und Blaubeeren,
- rohes Gemüse,
- Bonbons und Gummibärchen

Vorsicht. Doch, du solltest auf jeden Fall verhindern, dass dein Kind Angst vor dem Essen bekommt. Mit dem Wissen über das Wort „nicht“ solltest du zudem vermeiden, „Verschluck dich bitte nicht“ zu sagen, sondern vielmehr die Formulierung „Kau gut“ oder „Konzentriere dich auf das Essen“ nutzen. Du kannst die Aufmerksamkeit deines Kindes auch gezielt auf das Essen lenken, indem du es fragst, wie es schmeckt und was ihm am besten schmeckt.

Unter dem Schaffen der richtigen Rahmenbedingungen versteht sich unter anderem eine babysichere Umgebung, in der es nicht an:

- Murmeln,
- Münzen,
- Magneten,
- Knopfbatterien oder
- andere kleine Teilchen

gelangt. Somit besteht gar nicht die Gefahr, dass das Baby sich diese in den Mund steckt.

Orientiere dich bezüglich des Verschluckens an den folgenden Hinweisen:

- Dein Kind sollte nie unbeaufsichtigt essen und beim Essen keinen Quatsch machen.
- Das Essen erfolgt nur im Sitzen.
- Während des Spielens gibt es keine Snacks, da dein Kind seine Aufmerksamkeit entweder dem Spiel und den Snacks widmet.
- Trauben solltest du immer vierteln.
- Unter sechs Jahren sollten Kinder keine ganzen Nüsse essen.

2) Der Sinn hinter einem Erste-Hilfe-Kurs speziell für Babys

In Zusammenhang mit der Angst vor dem Verschlucken stellen sich viele Eltern die Frage, ob es für sie unter Umständen sinnvoll sein kann, einen Erste-Hilfe-Kurs zu belegen, in dem sie alle wichtigen Erste-Hilfe-Aspekte speziell für Babys kennenlernen.

An und für sich bringt ein solcher Erste-Hilfe-Kurs nicht nur Wissen, sondern auch Sicherheit mit sich. Auch wenn du immer einen Notruf absetzen solltest, wenn sich dein Kind in einer gefährlichen Situation befindet, wirst du nach Teilnahme an einem solchen Kurs sehr viel besser reagieren können, wenn dies der Fall sein sollte. So kannst du deine Unsicherheit, die du in diesen Situationen verspürst, möglicherweise besser kontrollieren und diese somit nicht auf dein Kind übertragen.

Schlafen mit dem Baby

Dir ist mit Sicherheit bewusst, dass Babys in der Regel sehr viel Schlaf brauchen. Natürlich ist es dabei auch wieder wichtig zu erwähnen, dass jedes Baby anders ist und dass einige Babys durchaus mehr schlafen als andere. Doch, im Durschnitt schlafen:

- Babys von 0 bis 3 Monaten circa 14 bis 17 Stunden über den Tag hinweg verteilt.
- Babys ab 4 Monaten zwischen 12 und 15 Stunden über den Tag hinweg verteilt.

Nach und nach pendelt sich der Schlafrhythmus der Babys ein, sodass sie in der Nacht in der Regel etwas länger schlafen und dafür tagsüber zwei Nickerchen machen, die durchschnittlich jeweils 2 Stunden dauern. Babys schlafen also recht viel, weshalb sich für dich die durchaus interessante und wichtige Frage danach stellt, wie es sich mit dem Schlafen mit dem Baby verhält. Wo schläft dein Baby am besten? Musst du auf bestimmte Dinge achten? Was hat es mit dem Familienbett auf sich?

Kann man ein Baby zu sehr verwöhnen?

Zunächst einmal stellt sich die wichtige Frage, ob es überhaupt möglich ist, ein Baby zu verwöhnen. Denn immer und immer wieder melden sich aus dem Umfeld oder auch aus fremden Mündern Stimmen zu Wort, die darauf hinweisen, dass ein Baby schreien muss, weil dies die Lungen öffnet, und dass die Eltern es nicht zu sehr verwöhnen sollen, in dem sie es ständig auf den Arm nehmen, wenn es schreit und weint.

An dieser Stelle ist zu beachten, dass du dein Baby nicht mit zu viel Liebe verwöhnen kannst. Es gibt nicht zu viel Liebe und zu viel Zuwendung.

Stell dir einmal vor, wie sich dein Baby fühlt. Es war neun Monate in einem kleinen, engen und geschützten Raum. Es hat Geräusche nur gedämpft wahrgenommen, war dem Licht nicht so stark ausgesetzt, wie es nun nach der Geburt der Fall ist, und hört nicht mehr den Herzschlag der Mutter als dauerhafte Hintergrundmusik. Alles ist so neu und so anders. Wenn dein Baby nun alleine in seinem Bett liegt und schreit, braucht es dich oder deinen Partner. Es braucht seinen festen Anker und seinen sicheren Hafen.

Was passiert mit einem Baby, das schreit und keine Reaktion von seinen Eltern bekommt? – Es fühlt sich verlassen. Es mag sein, dass es nach unzähligen Nächten, in welchen es wie am Spieß um sein Leben geschrien hat, aufhört, zu schreien. Doch, das macht es nicht, weil es gelernt hat, sondern weil es schlicht und ergreifend die Hoffnung danach, dass jemand auf seinen Hilfeschrei reagiert, aufgegeben hat.

Behalte dabei auch immer im Hinterkopf, dass dein Baby das Schreien als einziges Kommunikationsmittel hat, das es nutzen kann. Es kann weder einfach aufstehen und zu dir kommen, noch dir mitteilen, was es braucht, weil es schlicht und ergreifend noch nicht sprechen kann.

Lege dich also mit deinem Baby hin, kuschele mit ihm, stille es, streichele es und genieße die Zeit mit ihm. Du verwöhnst dein Baby nicht, wenn du dich mit ihm hinlegst, sondern du kommst seinem Bedürfnis nach Liebe, Nähe, Schutz und Geborgenheit nach. Höre auf dein Bauchgefühl und zwinge weder dich noch dein Baby dazu, zu leiden, während es alleine im Bett liegt und nicht schlafen kann, weil es die Nähe vermisst und du hinter der Tür stehst und die Tränen zurückhältst, weil du das verzweifelte Schreien kaum aushältst.

Vielleicht schläfst du auch gemeinsam mit deinem Baby ein oder genießt die Zeit, um dich zu entspannen. Lasse den Haushalt Haushalt sein und sauge diese Momente in dich auf. Auch wenn es abgedroschen klingt: Diese Zeit kommt nicht wieder. Babys werden so schnell groß und entwickeln sich vor allem innerhalb des ersten Lebensjahres rasant weiter. Du wirst dich später nicht an die sofort abgewaschenen Teller oder die unmittelbar aufgehängte Wäsche erinnern. Vielmehr wirst du zurück an die Momente mit deinem kleinen Baby denken, das mit seinem Kopf auf deinem Brustkorb liegt und zu der Musik deines Herzschlages beruhigt, behütet und beschützt einschläft, während es deinen Duft in seiner Nase spürt. Für dein Baby bist du alles, was es hat. Du bist seine Welt und es braucht dich.

Wo schläft mein Baby tagsüber am besten?

Der Lieblingsschlafplatz von dem Baby ist in der Regel in den Armen von Mama oder von Papa. Es fühlt sich so am wohlsten und am behütetsten und kann somit auch wirklich gut schlafen. Wenn du diese Zeit mit deinem Baby genießt und nutzen möchtest, um dich selbst zu entspannen oder ein bisschen zu schlafen, spricht nichts dagegen, dich entweder gemeinsam mit deinem Baby hinzulegen oder es in den Armen zu halten, während es schläft.

Doch, natürlich ist es auch richtig, dass du vielleicht Termine hast oder schlicht und ergreifend einmal duschen gehen oder die Arme frei haben möchtest. Für diese Zwecke hast du verschiedene Möglichkeiten, dein Baby zur Ruhe zu legen, damit es schlafen kann:

- Vielleicht schläft es im Kinderwagen ein, während du mit deinem Kind spazieren gehst.
- Du kannst es dir in ein Tragetuch binden oder in eine Trage schnallen, um es bei dir zu tragen und gleichzeitig deine Arme frei

zu haben. (Mehr über das Tragen deines Babys in einem Tragetuch oder in einer Babytrage erfährst du in dem kommenden Abschnitt „Halten und Tragen des Babys".)

- In einem Stubenbett kann dein Baby gut schlafen, während du andere Dinge erledigst. Das Stubenbett zeichnet sich dabei dadurch aus, Rollen aufzuweisen, sodass du das Bett einfach mit dir durch die Wohnung oder das Haus schieben kannst.

Mit der Zeit findest du garantiert die richtige Lösung für den Schlaf deines Kindes, sodass es tagsüber entspannt und ruhig schlafen kann.

Wo schläft mein Baby nachts am besten?

Eine weitere Frage, die du dir stellen solltest, ist die Frage danach, wo dein Baby in der Nacht am besten schläft. An und für sich gibt es für diese Zwecke verschiedene Möglichkeiten:

1) Das Familienbett

Bei dem Familienbett handelt es sich, um genau zu sein um das Ehebett der Eltern, in dem die Eltern gemeinsam mit dem Baby schlafen. Das heißt, dass das Baby selbst kein eigenes Bett hat, sondern gemeinsam mit dir und deinem Partner schläft. Einige Familien bauen sich sogar ein richtiges Familienbett, das sich durch eine sehr viel größere Breite auszeichnet, damit jedes Familienmitglied ausreichend Platz hat. Denn viele Kinder schlafen über mehrere Jahre hinweg gerne mit in dem Familienbett. Bezüglich des Familienbettes gibt es viele unterschiedliche Meinungen, die allesamt legitim sind. Doch: Solange sich alle Beteiligten wohlfühlen, spricht dem gemeinsamen Schlafen im Familienbett nichts entgegen (mehr dazu im folgenden Abschnitt)

2) Das Beistellbett

Bei dem Beistellbett handelt es sich um einen Mittelweg zwischen dem eigenen Bettchen und dem Schlaf im Familienbett. Denn das Beistellbettchen kann direkt an einer Seite des Ehebettes angebracht werden, sodass das Baby direkt „mit" im Familienbett, zu derselben Zeit aber auch in seinem eigenen Bettchen schläft.

3) Das eigene Bettchen

Wer nicht gemeinsam mit dem Baby im eigenen Bett schlafen möchte, entscheidet sich dafür, das Baby in seinem eigenen Bettchen schlafen zu lassen. Viele Eltern entscheiden sich aber dafür, dieses im elterlichen Schlafzimmer aufzustellen, um direkt zur Stelle zu sein, wenn das Baby weint.

Ganz egal, für welche Option du dich gemeinsam mit deinem Partner entscheidest, ist es immer wichtig, dass du das Baby nicht in den Schlaf schreien lässt. Begleite es sanft in den Schlaf, sodass es ohne Probleme einschlafen kann und reagiere auch immer direkt, wenn es aufwachen und weinen sollte. Diese zwei Grundlagen sind für einen gesunden und erholsamen Schlaf deines Babys wichtig – ganz egal, ob es im Familienbett, im Beistellbett oder in seinem eigenen Bett schläft.

Das Familienbett – Vorteile und Nachteile

Das Modell des Familienbetts erfreut sich unter Familien einer immer größer werdenden Beliebtheit. Das liegt unter anderem an den vielen Vorteilen, die das Familienbett sowohl für die Kinder als auch für die Eltern mit sich bringen kann.

Diesbezüglich ist es interessant zu wissen, dass die Tatsache, dass Eltern mit ihren Kindern gemeinsam in einem Bett schlafen, auch die Bezeichnung „Co-Sleeping" tragen kann.

Die vorteilhaften Aspekte, die Eltern dazu veranlassen, gemeinsam mit ihrem Baby in einem Familienbett zu schlafen, sehen folgendermaßen aus:

- Du bist direkt zur Stelle, wenn dein Baby in der Nacht aufwacht. So kann es durchaus sein, dass es gar nicht anfängt, dolle zu schreien, und deshalb auch recht schnell wieder in den Schlaf findet.
- Wenn du stillst, kannst du dein Baby direkt stillen, ohne aufstehen zu müssen. Es kann auch sein, dass sich dein Baby selbstständig bei dir an der Brust bedient und du somit weiterschlafen kannst, während es trinkt.
- Die Bindung zwischen dir und deinem Kind profitiert von der Nähe.
- Durch die Tatsache, dass dein Baby neben dir liegt, hört es deinen Atem. Unterbewusst passt es seine Atmung deiner Atmung an, was Atemaussetzern vorbeugen kann.
- Viele Eltern schlafen besser, wenn sie wissen, dass ihr Kind neben ihnen liegt.

Natürlich ist es auch immer wichtig, sich mögliche negative Aspekte vor Augen zu führen, die im Zusammenhang mit dem Familienbett auftreten könnten:

- Babys machen sich – auch wenn sie klein sind – recht breit und nehmen viel Platz ein.
- Sofern sich kein Herausfallschutz an den Seiten befindet, besteht die Gefahr, dass das Baby aus dem Bett fallen könnte.
- Das Liebesleben der Eltern gestaltet sich in einem engen und kleinen Familienbett unter Umständen etwas schwer (wobei das Bett

natürlich nicht der einzige Ort ist, an dem die Eltern Zweisamkeit verbringen können).

Mein Kind scheint extrem wenig Schlaf zu brauchen. Ist das okay?

Jedes Baby hat seine eigene Persönlichkeit und somit auch sein ganz eigenes Schlafbedürfnis. Natürlich schlafen Babys von Natur aus sehr viel mehr als Erwachsene. Das heißt aber nicht, dass alle Babys den ganzen Tag und nahezu die komplette Nacht verschlafen. Zumal du diesbezüglich im Hinterkopf behalten solltest, dass sich das Schlafverhalten deines Babys innerhalb des ersten Lebensjahres und auch anschließend immer wieder verändern kann. Von daher ist es vollkommen in Ordnung, wenn dein Baby weniger Schlaf braucht, als das bei anderen Babys der Fall ist.

Solltest du also merken, dass dein Baby nicht einfach nur ein Mensch ist, der wenig Schlaf braucht, sondern feststellen, dass es müde ist, und trotzdem nicht schläft, solltest du prüfen, ob die passenden Rahmenbedingungen herrschen, sodass dein Baby wirklich gut schlafen kann. Vielleicht möchte es zu Hause in seinem Bett schlafen oder es braucht mehr Ruhe oder eine intensivere Einschlafbegleitung.

Mein Baby schläft nicht zu vorgegebenen Zeiten. Soll ich auf einen Rhythmus beharren?

Bestimmt kennst du das von dir – an manchen Tagen könntest du schon direkt nach dem Abendessen ins Bett fallen und an anderen bist du bis spät in der Nacht wach. Auch deinem Baby wird es so gehen, dass es an manchen Tagen schon früher schlafen möchte, an anderen jedoch kaum in den Schlaf zu finden scheint.

Mache dich nicht verrückt und beharre auch nicht zu sehr darauf, dass dein Baby zu bestimmten Zeiten schlafen geht. Dein Baby kann die Uhr nicht lesen und hat zudem einen ganz individuellen Wach-Schlaf-Rhythmus. Eine umso wichtigere Rolle spielen dabei Routinen, auf welche unten genauer eingeht.

Sollte dein Baby in der Nacht aufwachen, ist es für dich wichtig, ein paar Tipps und Hinweise im Hinterkopf zu behalten, um sicherstellen zu können, dass es nicht zu wach wird. Das erleichtert ihm, sich an den Tag-Wach-Rhythmus zu gewöhnen und somit nachts besser zu schlafen. Bei den Tipps handelt es sich dabei um die Folgenden:

- Dämme das Licht nur leicht, wenn du dein Baby fütterst, stillst oder wickelst, und mache nicht das große Licht an.
- Flüstere und spreche nicht in Zimmerlautstärke mit deinem Baby.

Kann es sein, dass mein Baby Albträume hat, und was kann ich dagegen tun?

Den ganzen Tag hinweg treffen neue Reize und Eindrücke auf dein Baby. Diese verarbeitet es erst in der Nacht, was unter anderem auch dazu führen kann, dass es Albträume hat und sich somit im Schlaf unruhig hin und her bewegt, weint oder sein Gesicht verzieht.

Grundsätzlich solltest du dein Kind niemals aus einem Traum aufwecken, da es passieren kann, dass es sehr erschrocken reagiert und desorientiert ist. Sei lieber direkt zu Stelle, wenn es aufwachen sollte, um es zu beruhigen und für es da zu sein.

Keine Sorge – dein Baby wird diesen Albtraum selbst und durch deine Nähe, Liebe und Geborgenheit gut verarbeiten können und somit auch schnell wieder vergessen. Solltest du dir jedoch zu große Sorgen machen, wenn dein Baby einen Albtraum hat, kannst du es natürlich sanft streicheln, ihm gut zureden und es so entweder aus dem Traum wecken oder durch deine Stimme, die unterbewusst zu deinem Baby durchdringt, dazu beitragen, dass es in einen Zustand der Entspannung kommt.

Wie wichtig ist die richtige Beleuchtung im Kinderzimmer? Sollte das Kind möglichst dunkel schlafen oder ist ein Nachtlicht okay?

Wie es bei so vielen anderen Dingen der Fall ist, ist es auch hier wieder wichtig, im Hinterkopf zu behalten, dass jedes Kind anders und somit individuell ist. Einige Babys schlafen somit in der vollkommenen Dunkelheit gut, während andere Babys gerne eine Lichtquelle im Zimmer haben. Aus diesem Grund bietet sich eine Nachtlampe oder ein Nachtlicht sehr gut an, das du direkt an die Steckdose befestigen kannst, um eine kleine Lichtquelle im Zimmer zu erzeugen und auf diese Weise die passende Atmosphäre für dein Baby zu verschaffen.

Du wirst dein Baby nach und nach immer besser mit seinem Geschmack und seinen Vorlieben kennenlernen und somit auch schnell selbst einschätzen können, ob sich ein Nachtlicht in seinem Zimmer eignet oder nicht.

In meiner Familie sind Schlafprobleme sehr verbreitet. Wie kann ich bei unserem Baby alles richtig machen, um die mögliche Veranlagung nicht noch zu fördern?

Nicht nur ein stressiger Tag, der für dein Baby durch zu viele neue Eindrücke und Reize entstehen kann, kann dafür sorgen, dass es schwer zur Ruhe kommt und somit kaum in den Schlaf findet. Forscher haben im Rahmen unterschiedlicher Studien inzwischen festgestellt, dass Schlafstörungen unter anderem veranlagt sein können.

Auch wenn nicht alle Menschen, die eine Schlafstörung aufweisen, diese aufgrund einer Veranlagung haben, sollen bei circa 60 Prozent der Frauen und bei circa 40 Prozent der Männer die Schlafstörungen – Studien zufolge – erblich bedingt sein.

Für dich ist es zunächst wichtig, die Ruhe zu bewahren und dich nicht von dem Stress leiten zu lassen. Wie schon gesagt, hat dein Baby seinen individuellen Schlafrhythmus und nimmt Stress von seinen Eltern direkt wahr. Merkt es, dass du gestresst bist, wird es nicht gut schlafen können, weshalb Entspannung und Ruhe gemeinsam mit den passenden Rahmenbedingungen die besten Voraussetzungen für einen guten Schlaf darstellen.

Beobachte dein Kind, finde heraus, welchen Rhythmus es hat, und lasse dich auf keinen Fall von der Angst einer möglichen Schlafstörung treiben.

Schnuller

Schnuller scheinen bei einem Baby fest mit dazu zu gehören. Sie stillen das Saugbedürfnis, das sonst eigentlich durch das Anlegen an die Brust erfüllt wird. Doch, nicht immer stillen Mütter oder, selbst wenn, wollen sie das Baby nicht immer an die Brust anlegen. Aus diesem Grund helfen sich viele mit einem Schnuller aus.

Welche Vor- und Nachteile hat ein Schnuller?

Ein Schnuller bringt sowohl Vor- als auch Nachteile mit sich, mit welchen du dich am besten auseinandersetzt, bevor du dich für oder gegen seine Verwendung entscheidest.

1) Die Vorteile des Schnullers

- Stillen des Saugbedürfnisses,
- Unterstützung beim Einschlafen,
- Minderung des Risikos des plötzlichen Kindstodes (trifft auch auf das Saugen an der Brust zu),
- Gezielter Einsatz des Schnullers ist möglich.

2) Die Nacheile des Schnullers

- Saugverwirrung, wenn der Schnuller zusätzlich zum Stillen gegeben wird. Es kann durchaus passieren, dass das Kind die Brust nicht mehr nehmen möchte.
- Entstehung einer Abhängigkeit zum Lieblingsschnuller, was fatal sein kann, wenn dieser einmal verloren geht.
- Schnuller können – sofern sie dauerhaft verwendet werden – zu Problemen mit den Zähnen führen.

Behalte auch im Hinterkopf, dass einige Babys keinen Schnuller nehmen wollen. In diesem Fall solltest du auf jeden Fall davon absehen, dein Kind dazu zu zwingen, einen Schnuller zu benutzen.

Wer sich für einen Schnuller entscheidet, sollte ein Modell wählen, dass in seiner Beschaffenheit recht weich ist und sich an den Gaumen und an die Zähne des Babys anpasst. Die meisten Modelle, die diesen Anforderungen gerecht werden, sind Modelle aus Silikon, die in ihrer Form die Brustwarze der Mutter imitieren.

Wenn ich lieber Fläschchen geben will, worauf sollte ich achten?

Möchtest du dein Kind mit dem Fläschchen versorgen, anstatt es zu stillen, solltest du am besten immer darauf achten, dass du dich für die Wahl des passenden Saugers entscheidest. Dabei kannst du nicht nur aus verschiedenen Größen, sondern auch aus unterschiedlichen Materialien wählen.

1) Die Größen

Die Größen der Sauger teilen sich in drei Kategorien auf:

Größe 1	0 bis 6 Monate
Größe 2	6 bis 18 Monate
Größe 3	Ab 18 Monate

Für die Pre-Nahrung solltest du immer die kleinste Größe wählen, sodass das Baby – wie es bei der Brust der Fall ist – für seine Milch „arbeiten“ muss. So muss es durchaus saugen und bekommt die Milch nicht einfach in den Mund geschüttet. Unter dieser Voraussetzung trinkt das Baby langsamer und schluckt auch weniger Luft.

2) Die Materialien

Sauger bestehen in der Regel aus Silikon oder Latex. Die Modelle aus Latex riechen anfangs etwas unangenehm, dafür weisen sie nach der Sterilisierung eine sehr viel weichere Beschaffenheit auf.

3) Die Form

Auch bezüglich der Form genießt du eine recht große Auswahl. Zwei beliebte Formen sind die Folgenden:

- Kirschkernsauger, die die Form der Brustwarze imitieren und für ein leichteres Trinkverhalten sorgen, und
- abgeflachte Sauger, die kiefergerechter sein und ein ruhigeres Trinken begünstigen sollen.

An und für sich entscheidet dein Baby, mit welchem Sauger es am besten klarkommt, weshalb die Devise lautet, sich einfach durchzuprobieren.

SCHWIMMEROHR

Hinter dem Begriff „Schwimmerohr“ steckt die schmerzhafte Reizung des Außenohrs, die auch unter der Bezeichnung „Otitis Externa“ bekannt ist. Vor allem Babys und Kinder, die viel Zeit im Wasser verbringen, haben ein erhöhtes Risiko, unter diesem Schwimmerohr zu leiden.

Wie gefährlich ist das Schwimmer-Ohr und wie kann ich es versorgen, ohne meinem Baby noch zusätzliche Schmerzen zu bereiten?

In der Regel führt ein solches Schwimmerohr zu einem großen Juckreiz, der natürlich vor allem Babys und kleine Kinder dazu veranlasst, sich immer und immer wieder an der juckenden Stelle zu kratzen. Wenngleich dieses Schwimmerohr an und für sich nicht gefährlich ist und auch nach einigen Tagen von ganz allein wieder verschwindet, ist es ratsam, deinem Baby zu helfen, um es so schnell von dem lästigen Jucken zu befreien.

Unter anderem solltest du:

- dafür sorgen, dass kein Wasser an das Ohr gelangt.
- nichts in den Gehörgang stopfen.
- die Desinfektion des Ohrs mit Hilfe einer Spritze ohne Nadel durchführen.

Stellst du bei deinem Baby fest, dass es stark unter den Schmerzen und dem Juckreiz leidet, solltest du dich an den Kinderarzt wenden, der dir bestimmte Medikamente verschreiben kann.

Sinne des Babys, Kontakt, Reflexe, Gefühle

Dein Baby kommt nach der Geburt in eine für es vollkommen unbekannte Welt, in der es erst einmal lernen muss, sich zurecht zu finden. Es gibt so viel zu entdecken – äußerlich und auch innerlich. Denn es gibt nicht nur die äußerlichen Reize, die für dein Baby vollkommen neu sind, sondern auch innerlich klopfen Gefühle an die Tür, die es noch nicht kennt und somit erst kennenlernen muss.

Wie sehen Babys?

Babys sind bei der Geburt nicht blind. Der Sehsinn ist allerdings bei weitem nicht so weit ausgebildet wie der Tast- und der Geruchssinn. Dies bedeutet Folgendes:

- In der ersten und zweiten Lebenswoche sehen Babys sehr unscharf und nehmen die Welt in Schwarz, Weiß und Grau wahr.
- In der dritten und vierten Lebenswoche nehmen Babys kontrastreiche Gegenstände wahr und können diesen auch mit ihren Augen folgen.
- In der fünften und sechsten Lebenswoche bildet sich der Sehnerv sehr stark aus und es kann durchaus passieren, dass die Babys innerhalb dieser Entwicklung zeitweise schielen.
- In der siebten und achten Lebenswoche können Babys die Farben Blau und Lila sehen und auch Farbunterschiede sehr viel bewusster wahrnehmen.
- Im dritten und vierten Lebensmonat reagiert das Baby nicht mehr so empfindlich auf Licht. Die Koordination zwischen Hand und

Augen verbessert sich und die Informationen, die die beiden Augen bislang separat voneinander aufgenommen haben, vereinen sich. Somit sieht dein Baby nun ein einheitliches Bild anstatt von Doppelbildern.

- Im fünften und achten Lebensmonat entwickelt sich das dreidimensionale Sehen des Babys und es kann Gegenstände gut mit seinen Augen fixieren.

Interessante Fakten rund um das Sehen bei deinem Baby sind Folgende:

- Dein Baby kann dein Gesicht mit circa zwei Wochen erkennen.
- Babys können ihre Hände erst sehen bzw. wahrnehmen, wenn sie wissen, über Hände zu verfügen. Das ist nicht von Geburt an der Fall, sondern kommt erst innerhalb des Zeitraums von sechs bis acht Wochen (vielleicht hast du auch schon bemerkt, dass Kinder ihre Arme und auch ihre Beine nicht unter Kontrolle haben und dass sich diese ab und zu vollkommen wahllos bewegen)
- Vor allem die Farbe Rot scheinen Babys besonders intensiv wahrzunehmen.

Kann mein Neugeborenes mich erkennen? Wie wichtig ist die Stimme, mein Geruch, Herzschlag und Hautkontakt?

Keine Sorge – dein Baby erkennt dich nach der Geburt instinktiv an deinem Geruch, an deiner Stimme und auch an deinem Herzschlag – alles Dinge, die es aus dem vertrauten Mutterleib kennt.

Beachte diesbezüglich, dass, auch wenn dein Baby in den ersten beiden Lebenswochen noch nicht sonderlich gut sehen kann, der Augenkontakt zwischen dir und deinem Kind trotzdem eine fundamentale Rolle spielt.

Ich habe den Eindruck, mein Kind sieht nicht gut? Wie kann ich das genauer überprüfen, bevor ich vielleicht grundlos zum Arzt renne?

Dir selbst wird es wahrscheinlich nicht auffallen, wenn dein Kind nicht gut sieht und Probleme mit der Entwicklung seines Sehvermögens hat. Denn schlechtes Sehen erfolgt in der Regel vollkommen frei von Schmerzen und dein Kind hat auch keinen Vergleich dazu, wie es in seinem aktuellen Entwicklungsstand sehen sollte. Nur wenn dein Baby schielt, kannst du äußerlich vermuten, dass es vielleicht Probleme mit seinem Sehsinn hat.

Anzeichen dafür, dass dein Baby nicht gut sieht, könnten die Folgenden sein:

- es hält sich Bilderbücher ganz nah vor die Augen.
- es verwechselt oft Dinge, die es nehmen möchte, wie zum Beispiel Gabel und Löffel oder Spielsachen.

An und für sich können aber erst Untersuchungen beim Kinderarzt Aufschluss über das Sehvermögen und mögliche Sehschwächen deines Babys geben. Nehme deswegen auf jeden Fall die Vorsorgeuntersuchungen beim Kinderarzt wahr, der innerhalb der folgenden U-Untersuchungen unter anderem das Sehvermögen deines Babys prüft und bewertet:

- U1: Äußerliche Beurteilung der Augen
- U2: Untersuchung der Lichtreaktion sowie der Beschaffenheit der Pupillen und der Hornhaut mit einem Augenspiegel
- Von U2 bis U7: Brückner-Test, der dein Baby bezüglich Kurz- und Weitsichtigkeit, Hornhautverkrümmungen und Schielen untersucht.

- U4: Prüfung, ob Babys die Finger betrachten, ob sie mit ihnen spielen und ob sie schielen.
- U7a: Test, ob linkes und rechtes Auge gleich scharf und auf dieselbe Weise räumlich sehen können.

In der Regel können Kinderärzte das Sehvermögen deines Babys ab dem dritten und vierten Lebensmonat besser einschätzen und im Zweifelsfall leiten sie dich an einen Augenarzt weiter. An diesen solltest du dich auch wenden, wenn du oder der andere Elternteil eine Fehlsichtigkeit oder eine Sehschwäche aufweist. Denn nicht selten handelt es sich bei Sehfehlern um vererbte Schwächen.

Wie wichtig ist ein Schnuffeltuch oder etwas ähnliches für mein Kind und wie stelle ich sicher, dass es dieses nicht noch bei der Einschulung hinter sich herzieht?

Schnuffeltüchter und Kuscheltiere haben für Babys und Kinder eine ganz besondere Bedeutung. Es handelt sich nicht einfach nur um ein Objekt, sondern um eine Sicherheit. Kinder, die ein Lieblingskuscheltier oder ein Lieblingsschnuffeltuch haben, fühlen sich sicherer und können sich somit unter anderem auch besser von den Eltern trennen, wenn sie beispielsweise alleine im Bettchen schlafen sollen oder in eine Betreuungseinrichtung gehen.

Ein Kuscheltier oder auch ein Schnuffeltuch ist in diesem Zusammenhang dazu in der Lage:

- Trennungsängste zu lindern.
- emotionale Versicherung zu schenken.

- Teil der Identitätsarbeit des Kindes zu werden und ihm in seiner Entwicklung sowie seiner Selbstständigkeit zu helfen.
- Ängste zu lindern.
- bei beunruhigenden Situationen und schlechten Träumen zu helfen.
- negative Gefühle besser zu verarbeiten, weil Kinder diese teilweise auch über das Kuscheltier oder über das Schnuffeltuch erleben und diese somit auf die Gefährten übertragen. So fühlen sie sich mit ihren Emotionen nicht alleine und es fällt ihnen leichter, einen Umgang zu ihnen zu entwickeln.

Hierbei handelt sich nicht einfach um willkürlich getroffene Aussagen, sondern um Ergebnisse, zu welchen diverse Studien im Rahmen ihrer Untersuchungen gekommen sind.

Mache dir keine Gedanken darüber, was sein wird, wenn dein Kind in die Schule gehen wird. Dein Baby ist noch klein und die Schulzeit ist noch weit entfernt. Konzentriere dich darauf, was dein Kind braucht, was deinem Kind Sicherheit gibt und was ihm dabei hilft, sich weiterzuentwickeln und zu wachsen. Selbst wenn dein Kind im Schulalter noch sein Kuscheltier oder sein Schnuffeltuch hat, ist das absolut nichts, für was es sich schämen muss. Bringe deinem Kind bei, dass es so, wie es ist, genau richtig ist und dass es sich nicht schämen muss, wenn es ein Objekt hat, mit dem es Sicherheit und Geborgenheit verbindet. Viele Erwachsene können sich heute noch an ihr Lieblingskuscheltier erinnern oder haben es sogar noch bei sich zu Hause.

Welche natürlichen Reflexe hat ein Baby? Was sollte ich darüber wissen?

Reflexe kann der Mensch nicht steuern. Jeder Mensch hat Reflexe, die aufgrund eines Reizes aus der Umwelt ablaufen. Breits Neugeborene weisen bestimmte Reflexe auf, die du mit Sicherheit auch bei deinem Baby erkennen wirst, wenn du es für einen Moment genauer betrachtest.

Bei den angeborenen Reflexen deines Babys handelt es sich um die sogenannten Primitivreflexe. Hinter ihnen steckt unter anderem der Sinn des Selbstschutzes. Dein Baby steuert diese Reflexe nicht, sondern führt diese – basierend auf den Reizen aus der Umwelt – vollkommen instinktiv aus.

Interessant ist in diesem Zusammenhang auch, dass sich diese Bewegungen nach und nach verlieren, sobald dein Baby lernt, seine Muskeln etwas mehr zu kontrollieren. Doch, um welche Reflexe handelt es sich bei den angeborenen Reflexen deines Babys?

1) Der Greifreflex

Bestimmt hast du schon einmal festgestellt, dass dein Baby deinen Finger automatisch mit seiner Hand umgreift, wenn du ihn in seine offene Hand legst. Bis zu einem Alter von circa 3 Monaten umgreifen Babys alles, was in Kontakt mit ihrer Handfläche kommt.

Sehr interessant ist dabei, dass Babys eine so große Kraft in den Händen haben, dass sie ihr eigenes Körpergewicht halten können. Du könntest es an eine Stange „hängen“ und es würde sich halten. (Natürlich sollte man das nicht machen!)

Dasselbe Phänomen tritt nicht nur bei den Händen deines Babys, sondern auch bei seinen Fußsohlen auf.

2) Der Suchreflex

Babys suchen mit geöffnetem Mund nach der Brust der Mutter – vor allem dann, wenn man ihnen sanft über ihre Wange streichelt. Dieser Reflex hält oft bis zum 3. oder bis zum 4. Lebensmonat an, wobei einige Babys diesen Reflex noch etwas länger aufweisen – vor allem im Schlaf.

3) Der Saugreflex

Um die Milch aus der Brust der Mutter zu saugen, müssen Babys durchaus einiges an Arbeit leisten. Für diese Zwecke weisen sie den Saugreflex auf. Diesen manifestiert das Baby nicht nur, wenn es sich an der Brust befindet, sondern auch dann, wenn du mit deinem Finger sanft gegen seinen Gaumen drückst. Es fängt in diesem Fall instinktiv an, zu saugen. Auch wenn du den Finger wieder entfernst, wird es für eine kurze Zeit weitersaugen.

4) Der Moro-Reflex

Bei dem Moro-Reflex handelt es sich, in anderen Worten ausgedrückt, um den Schreckreflex, den dein Baby in der Regel hat, wenn es auf:

- helles Licht,
- laute Geräusche und
- starke Gerüche

trifft. Es handelt sich hierbei um eine vollkommen unwillkürliche Reaktion. Selbst sein eigenes Schreien kann bei deinem Baby diesen Moro-Reflex auslösen.

Vor allem unmittelbar nach der Geburt ist dieser Reflex sehr ausgeprägt und hält für circa zwei Monate lang an. Vollkommen verschwunden ist er (bei gesunden Babys) spätestens im zweiten Lebensjahr.

5) Der Schluckreflex

Bereits während sich dein Baby noch im Bauch der Mutter befindet, schluckt es das Fruchtwasser und weist somit einen Schluckreflex auf. Neben diesem Schluckreflex haben Babys aber auch einen besonders stark ausgeprägten Würgereflex. Dieser ist sehr wichtig, um zu verhindern, dass sich Babys verschlucken. Denn, wenn sie zu gierig an der Brust trinken, kann es durchaus vorkommen, dass zu viel Milch in den Mund kommt und sie sich etwas verschlucken.

6) Der Galantreflex

Bei dem Galantreflex handelt es sich um eine Bewegung, die dein Baby macht. Die Bewegung geht dabei von der Wirbelsäule aus, die sich immer in die Richtung beugt, von welcher der Reiz kommt. Wenn du also mit deiner Hand sanft über die Haut in der Nähe der Wirbelsäule deines Babys streichelst, wirst du feststellen dürfen, dass es sich mit seiner Wirbelsäule zu der Seite beugt, von der dein Streicheln kommt. Oft hält dieser Reflex bis zum sechsten Lebensmonat an.

7) Der Schreitreflex

Der letzte Reflex, der sich bei Babys nachweisen lässt, ist der sogenannte Schreitreflex. Dieser zeichnet sich dadurch aus, dass dein Baby kleine Schreitbewegungen macht, sofern es mit seinen Füßen in die Berührung mit einer Oberfläche kommt und sich in einer aufrechten Position befindet. Es setzt einen Fuß vor den anderen, als wollte es auf der Stelle loslaufen. Allerdings hält dieser Reflex nur für circa 2 Monate an. Du darfst ihn nicht mit dem eigentlichen Laufen verwechseln, da beide nichts miteinander zu tun haben.

Wie lange dauert der Atem-Anhaltereflex bei Babys an? Wie erkenne ich, ob mein Baby diesen noch hat?

Viele Frauen entscheiden sich dafür, das Baby durch eine Wassergeburt auf die Welt zu bringen. Auch nach der Geburt bieten viele Schwimmbäder Babykurse an, bei welchen die Babys sich nicht nur über Wasser, sondern teilweise auch unter Wasser befinden. Das ist aufgrund des Atem-Anhaltreflexes möglich, bei welchem es sich ebenfalls um einen angeborenen Reflex handelt. Sobald Babys mit ihrem Gesicht in Kontakt mit Wasser kommen, setzt dieser Reflex ein. Er sorgt dafür, dass:

- sich die Luftröhre verschließt,
- die Atmung aufhört,
- sich der Herzschlag verlangsamt,
- sich der Sauerstoffbedarf reduziert und
- sich die Blutversorgung im Körper auf das Nötigste reduziert,

sodass dein Baby ohne Sorgen und ohne Probleme unter Wasser tauchen kann. Allerdings mögen einige Babys das überhaupt nicht, was du auf jeden Fall respektieren solltest. Zwar mögen einige Babys ihren Spaß bei Babyschwimmkursen haben. Doch, dein Baby hat seinen eigenen Charakter und seine persönlichen Vorlieben. Gehört das Tauchen unter Wasser nicht dazu, respektiere das.

Behalte dabei immer im Hinterkopf, dass dieser Reflex nicht ewig andauert, sondern bereits zwischen dem 4. und dem 6. Lebensmonat deines Babys wieder verschwindet. Aus diesem Grund solltest du dein Baby nicht einfach unbetreut unter Wasser tauchen, sondern dies immer nur im Rahmen eines begleiteten Kurses im Schwimmbad machen.

Wie schütze ich mein Kind vor Ertrinken und sekundärem Ertrinken?

Da der Atem-Anhaltereflex nur circa die erste Hälfte des ersten Lebensjahres deines Kindes andauert, solltest du dein Baby, wie schon gesagt, nicht einfach alleine unter Wasser tauchen, sondern das nur im Rahmen eines Babyschwimmkurses machen. Zudem kannst du dein Kind vor dem Ertrinken schützen, indem du es nie alleine lässt – auch nicht dann, wenn du es in einen Baby-Schwimmring setzt, in dem es sicher sitzt und über Wasser gehalten wird. Eine kleine Bewegung reicht manchmal aus, um diesen Ring zum Kippen zu bringen, sodass dein Kind mit dem Kopf unter Wasser kommt.

In diesem Zusammenhang ist es auch wichtig zu wissen, dass ein Kind nicht nur ertrinken kann, während es sich im Wasser befindet, sondern dass diese Möglichkeit auch hinterher in der Form des sekundären Ertrinkens besteht. Das sekundäre Ertrinken heißt, dass das Kind nicht im Wasser ertrinkt, sondern im Nachhinein unter den Folgen der großen Menge Wasser, die es geschluckt hat, leidet und unter Umständen sogar sterben kann.

Schluckt das Kind große Mengen Wasser, könnte das eingeatmete Wasser in die Lunge gelangen und dort dann zu:

- Entzündungen und/oder
- Schwellungen

führen, was anschließend zu einem zunehmenden Sauerstoffmangel führen kann. Wird dieser nicht rechtzeitig erkannt und behandelt, kann das fatal enden.

Anzeichen, die Stunden nach dem Baden und einer großen Menge geschluckten und/oder eingeatmeten Wassers auf ein sekundäres Ertrinken hinweisen könnten, stellen die Folgenden dar:

- Starkes Husten;
- Übelkeit, Erbrechen und Durchfall;
- Sehr schnelle Atmung;
- Lippen in blauer Farbe;
- Teilnahmelosigkeit des Kindes.

Natürlich solltest du in diesem Fall direkt den Notarzt rufen und dein Kind untersuchen lassen.

Wichtig ist, dass du dich von dem sekundären Ertrinken nicht verrückt machen und dir somit den Badespaß nehmen lässt. Am besten schützt du dein Kind vor dem Ertrinken und auch dem sekundären Ertrinken, indem du immer bei ihm bleibst und es nie alleine baden oder im See oder Meer schwimmen lässt – auch nicht dann, wenn es Schwimmflügel oder einen Baby-Schwimmring hat.

Ab welchem Alter kann mein Baby Gefühle wie Wut, Angst und Frust empfinden und darauf reagieren?

Gefühle begleiten Menschen durch das ganze Leben. Eltern würden am liebsten immer und fortlaufend ein Lächeln auf den Lippen ihres Kindes und ein schönes und strahlendes Glänzen in seinen Augen sehen. Doch, dein Kind wächst nicht in einem Regenbogenland mit Glitzerstaub und Blümchenparfum auf. Vielmehr befindet es sich in einer Welt, die zwar kunterbunt und vielfältig ist, in dieser Vielfältigkeit aber unter anderem auch negative Gefühle aufweist.

Dass es diese negativen Gefühle und Gefühle allgemein gibt, muss dein Kind erst nach und nach lernen. Es handelt sich um einen Prozess, bei dem dein Baby lernt, dass es verschiedene Gefühle gibt, dass sich diese jeweils anders anfühlen und auch jeweils andere

Reaktionen bei den Menschen aus dem Umfeld hervorrufen können. Negative Gefühle, wie zum Beispiel Ärger, Wut und Traurigkeit, kann dein Baby bereits im Alter von circa drei oder vier Monaten empfinden und ausdrücken. So kann es vielleicht seine Augenbrauen oder seine Mundwinkel verziehen. Dein Baby kann sich unter anderem auch von anderen Gefühlen anstecken lassen und ahmt dich nach, wenn du deinem Gesicht einen fröhlichen oder einen ärgerlichen Ausdruck verleihst. Dieses Nachahmen findet in der Regel zwischen dem 6. und 8. Lebensmonat statt.

Spezifische Gefühle, die dein Kind dabei innerhalb dieses Zeitraums kennenlernt und somit auch ausdrücken kann, sind unter anderem:

- Furcht (vor allem vor fremden Personen),
- Angst (vor allem Trennungsangst) und
- Unsicherheit (Suche nach Geborgenheit und Schutz durch die Eltern).

Nicht immer reagiert dein Baby aber von sich aus auf bestimmte Situationen, sondern es orientiert sich an deiner Reaktion. Hört es zum Beispiel einen lauten Knall oder kommt es in eine andere Situation, wird es sehen, wie du reagierst, und anschließend so reagieren wie du. Deshalb ist es auch ein bekanntes Phänomen, dass Kinder, die hinfallen, oft gar nicht weinen, wenn die Eltern das nicht sehen oder so tun, als hätten sie es nicht gesehen, aber in ein großes Schreien und Weinen ausbrechen, wenn die Eltern mit einem „Oh nein“ oder einem Schrei auf den Fall des Kindes reagieren. Die Rede ist hier natürlich von einem sanften Fall, bei dem sich das Kind nicht verletzt.

Dein Kind kennt seine Gefühle also nicht von Geburt an, sondern muss diese erst nach und nach kennenlernen. Dieser Prozess beinhaltet über viele Lebensjahre hinweg wichtige Schritte wie:

- Bewusstsein der eigenen Gefühle,
- Ausdrücken der Gefühle durch Sprache und Mimik,
- Regulation der Gefühle und
- Erkennen der Gefühle der anderen (Empathie).

Natürlich findet das alles nicht auf einmal im ersten Lebensjahr deines Babys statt, sondern nimmt durchaus Zeit in Anspruch. Doch, du kannst deinem Kind am besten in seinem Umgang mit seinen Gefühlen helfen, indem du es angemessen begleitest und mit ihm über seine Gefühle sprichst. Verbalisiere die Gefühle für dein Kind, das vielleicht nicht weiß, wie ihm geschieht, und somit auch keine Ahnung hat, wie es reagieren soll. Durch das Verbalisieren oder auch das Spiegeln (bei dem du es mit seiner Mimik nachahmst wie ein Spiegel) hilfst du ihm dabei, diese starken Emotionen greifbarer zu machen. Lebe ihm den Umgang mit Gefühlen vor, lerne selbst deine eigenen Gefühle kennen und akzeptiere, dass nicht nur positive, sondern auch negative Gefühle ihre Berechtigung haben und somit fest mit zum Leben dazu gehören.

Gibt es typische Verhaltensweisen, von denen man mittlerweile weiß, dass sie Verlustängste verursachen können, und die man daher vermeiden sollte?

Die Tatsache, dass Babys und Kinder Verlustängste haben und an ihren engsten Bezugspersonen – in der Regel an der Mutter und an dem Vater - klammern, ist an und für sich nichts Ungewöhnliches. Um genau zu sein, handelt es sich um ein vollkommen normales Verhalten, das in der Natur sicherstellt, dass das Baby überlebt. Denn alleine können Babys und Kinder nicht überleben. Sie sind auf ihre Bezugspersonen angewiesen, lassen sie aus diesem Grund nicht aus den Augen und wollen sich auch nicht weit von ihnen wegbegeben.

Doch, zeigt dein Baby Verlustängste im übertriebenen Maß, kann das es durchaus in seinen Erfahrungen einschränken, weil es sich nicht von dir wegbewegt und seine Umgebung somit nicht so erkunden kann, wie es das vielleicht eigentlich gerne machen würde. Aus diesem Grund ist es wichtig, sicherzustellen, diese starken und übermäßigen Verlustängste erst gar nicht bei deinem Baby aufkommen zu lassen.

Behalte dabei natürlich im Hinterkopf, dass jedes Baby anders ist und einen anderen Charakter hat. Somit sind einige Babys von Natur aus anhänglicher als andere, was nicht direkt auf eine übermäßige Verlustangst hinweisen muss. Es gibt aber durchaus einige Aspekte, von welchen Experten inzwischen wissen, dass sie zu der Entstehung von Verlustängsten beitragen können:

- Häufiger Wechsel der Aufenthaltsorte (häufige Umzüge);
- Das traumatische Erlebnis bzw. Gefühl, verlassen oder vernachlässigt zu werden;
- Veränderung in der Präsenz der Bezugspersonen (z.B. durch eine Scheidung, bei welcher das Kind ein Elternteil deutlich weniger sieht, als das zuvor der Fall war);
- Emotionale Vernachlässigung durch die Eltern. Diese findet in der Regel nicht bewusst statt, was sie so komplex macht. Es kann sein, dass Eltern durch psychologische Probleme oder andere Krankheitsbilder nicht dazu in der Lage sind, sich emotional so um das Baby zu kümmern, wie es das braucht.

Um also sicherstellen zu können, dass dein Baby die besten Rahmenbedingungen genießt, die diesen Verlustängsten vorbeugen, kannst du dich an den folgenden Hinweisen orientieren:

- Nehme die Grundbedürfnisse deines Babys immer ernst. Zu diesen gehören nicht nur Hunger und Durst, sondern auch Wärme, Nähe, Schutz und Geborgenheit.
- Wünsche und Gefühle deines Kindes spielen eine wichtige Rolle und du solltest sie stets berücksichtigen. Bestrafe dein Kind nie für seine Gefühle und ignoriere sie nicht. Nur so fühlt es sich gesehen und nur so kann es einen Umgang zu seinen Gefühlen entwickeln.
- Tröste dein Kind und lasse es in schweren Situationen seine negativen Gefühle ausleben. Auch wenn es schwerfällt, das Kind mit seinen negativen Gefühlen zu sehen, und auch wenn diese bei dir Triggerpunkte darstellen und ein unangenehmes Gefühl in dir hervorrufen, lasse dein Kind mit seinen negativen Gefühlen nie alleine und fordere es nie dazu auf, sie zu unterdrücken.
- Zeige deinem Kind deine eigenen Gefühle, spreche über sie.
- Sei eine authentische und verlässliche Bezugsperson, die ihr Kind bedingungslos liebt.
- Höre auf dein Bauchgefühl. Wenn dein Kind Nähe braucht, gebe ihm Nähe. Du musst nicht auf andere Menschen hören, die dir sagen, dass du es verwöhnst. Du kannst dein Kind nicht mit zu viel Liebe und Zuwendung verwöhnen.
- Dein Kind braucht viel Liebe, Sicherheit und Struktur. Gebe ihm all das, vermeide große und plötzliche Veränderungen, lasse zu, dass es mit dir im Bett schläft, wenn es die Nähe braucht, und nutze im Alltag eine Tragehilfe, um die Hände frei zu haben und dein Baby immer ganz nah bei dir tragen zu können.

Behalte außerdem im Hinterkopf, dass ein großes Bedürfnis nach Nähe nicht automatisch auf eine Trennungsangst hindeutet. Denn unter einem Jahr (aber auch danach) weisen Babys ein sehr ausgeprägtes Bedürfnis nach Nähe auf. Babys können sich in den meisten Fällen nur sehr schwer von ihren Bezugspersonen lösen. Zudem können auch psychologische Besonderheiten dazu führen, dass das Kind Symptome aufweist, die der Trennungsangst ähneln, aber nichts mit ihr zu tun haben. So fällt es „High Need Babys" und auch hochsensiblen Kindern sehr schwer, sich von ihren Bezugspersonen zu trennen, sie brauchen sehr viel Nähe.

Spielen – Alleine spielen

Wie nun schon so oft erwähnt, ist jedes Kind anders. Das führt unter anderem dazu, dass einige Babys bereits sehr gut alleine spielen können, andere sich hingegen wünschen, Mama oder Papa bei sich zu haben, damit sie mit diesen spielen.

Das „Alleine-Spielen" ist keine Sache, die von heute auf morgen passiert. Vielmehr handelt es sich um einen Prozess, wobei sich dein Kind nach und nach daran gewöhnt, sich über einen gewissen Zeitraum hinweg selbst mit einem Spiel zu beschäftigen.

Habe dabei jedoch keine zu großen Erwartungen und übe auf keinen Fall Druck auf dein Baby aus. Unter Druck wird es sich erst recht querstellen. Denn, je mehr dein Baby das Gefühl hat, dass du es wegschieben möchtest (auch wenn das natürlich nicht der Wahrheit entspricht), umso mehr wird es an dir klammern.

Du kannst dein Baby mit ein paar gezielten Hinweisen dazu animieren, sich selbst für 10 Minuten mit einem Spielzeug zu beschäftigen:

- Gebe ihm ausreichend Spielanregungen und schaffe die passende Atmosphäre.
- Biete deinem Baby weder zu viel noch zu wenig Spielsachen an.
- Halte dich im Hintergrund und greife nicht an.
- Fange an, mit deinem Baby zu spielen, und entferne dich dann für einen kurzen Zeitraum, damit dein Baby alleine weiterspielt.
- Bleibe immer in der Nähe und gebe deinem Baby somit das Gefühl der Sicherheit und der Geborgenheit. Sei immer für dein Baby da.

- Animiere dein Baby verbal dazu, alleine zu spielen. Du kannst es zum Beispiel dazu ermuntern, einen tollen Turm zu bauen oder ein anderes Spiel zu spielen.

Am wichtigsten ist es natürlich, die Ruhe zu bewahren und deinem Baby die Zeit zu lassen, die es braucht, bis es alleine spielt. Das kann unter Umständen auch mehrere Jahre dauern.

Spielsachen

Wenn du schon einmal in einen Spielwarenladen gegangen bist, wirst du dabei festgestellt haben, dass dir eine sehr große und umfangreiche Auswahl an unterschiedlichsten Spielsachen zur Verfügung steht. Vermutlich weißt du dabei oft gar nicht, für welches Spielzeug du dich entscheiden sollst, um dein Baby am besten in seiner Entwicklung unterstützen zu können. Zudem spielen auch Sicherheitsaspekte eine nicht zu unterschätzende Rolle.

Behalte immer im Hinterkopf, dass Babys und auch Kleinkinder oft gar keine großen Mengen an Spielzeug brauchen. Das liegt daran, dass die kleinen Entdecker lieber ihre Eltern nachahmen und aus diesem Grund ein sehr großes Interesse an Alltagsgegenständen haben. So räumen sie gerne Schränke aus und schlagen mit Löffeln gegen Töpfe und Pfannen, während du in der Küche kochst. Finde für dich eine Balance zwischen zu viel und zu wenig Spielzeug und stelle durch den Kauf des passenden Spielzeugs sicher, dass dein Baby bezüglich seiner Entwicklung von bestimmten Spielsachen mehr profitiert, als dies bei anderen der Fall ist.

Welche Spielsachen unterstützen die Entwicklung meines Sprösslings am besten?

Dein Baby entwickelt sich sowohl physisch als auch psychisch weiter und profitiert bei all seinen fünf Sinnen von bestimmten Spielsachen, die sich positiv auf seine Entwicklung auswirken. Unter anderem erfreuen sich Holzspielsachen nach Maria Montessori einer sehr großen Beliebtheit auf dem Markt. Auch Aktionstabletts, die Babys und Kinder dazu animieren, selbstständig zu spielen, zu lernen und somit Erfahrungen zu machen, bringen einen sehr positiven Effekt bezüglich der Entwicklung von Babys und Kleinkindern mit sich. Vor allem im ersten Lebensjahr haben sich unter anderem die folgenden Spielsachen als besonders förderlich für Babys herausgestellt:

- Mobile für den Sehsinn,
- Rasseln und Greifringe für den Tastsinn,
- Bilderbücher für die Sprache,
- Bausteine und Bauklötze für die Kreativität,
- Autos, Puppen, Stofftiere und ähnliches für die sozialen Fähigkeiten.

Natürlich ist es aber ganz dir überlassen, welche Spielsachen du für dein Baby kaufen möchtest. Versuch trotz des Überangebots, die passende Wahl zu treffen und vor allem den Überblick zu behalten.

Wie stelle ich sicher, dass die Spielwaren ungefährlich und ungiftig sind?

Neben dem Aspekt der Förderung deines Babys durch Spielsachen spielt auch der Aspekt der Sicherheit eine sehr wichtige Rolle. Aus diesem Grund ist es für dich wichtig zu wissen, anhand welcher

Aspekte du feststellen kannst, ob es sich bei einem Spielzeug um ein ungefährliches und ungiftiges Spielzeug handelt.

Dabei helfen dir die verschiedenen Zeichen und Siegel auf den Spielzeugen weiter. Bei dem CE-Zeichen geht es beispielsweise um ein Zeichen, über welches Spielsachen in Deutschland zwingend verfügen müssen. Das liegt an der Tatsache, dass das CE-Zeichen in ganz Europa anerkannt wird und nur auf Gegenständen, wie unter anderem Spielsachen, wiederzufinden ist, wenn diese unter den europäischen Richtlinien bezüglich des Gesundheits-, Umwelt-, und Verbraucherschutzes hergestellt wurden.

Bezüglich anderer, ebenfalls wichtiger Zeichen kannst du dich unter anderem an den folgenden Siegeln orientieren:

TÜV-Zeichen	Spielzeug hat Schadstofftest bestanden und entspricht den Normen der EU-Spielzeugrichtlinie DIN EN 71
GS-Zeichen	Das Siegel „geprüfte Sicherheit" steht dafür, dass der Hersteller des Spielzeugs dieses auf eigene Verantwortung (also freiwillig) auf Schadstoffe und bezüglich der Sicherheit prüfen lassen hat.
LGA Tested Quality – Zertifikat	Es handelt sich hierbei um eine Sicherheitsprüfung, die nach EG-Richtlinie das Spielzeug auf Belastbarkeit, Schadstoffgehalt und Entflammbarkeit kontrolliert.
Öko-Tex Standard 100	Das Siegel bestätigt, dass das Textilprodukt (worunter auch Kuscheltiere fallen) gesundheitlich unbedenklich ist.
VDE-Siegel	Dieser bestätigt, dass das Elektrospielzeug sicher ist und den europäischen Richtlinien entspricht.
Der blaue Engel	Es handelt sich um ein Gütesiegel, das sich auf besonders

	umweltschonenden Spielsachen, wie zum Beispiel Holzspielzeug befindet.
Das „Spiel gut"-Zeichen	Dieses Zeichen steht dafür, dass das Spielzeug nach pädagogischen Kriterien getestet und bewertet wurde. Auch gesundheitliche und ökologische Punkte spielen in diesem Zusammenhang eine wichtige Rolle.

Stelle zudem sicher, dass sich dein Baby nicht an Kleinteilen verschlucken kann und dass das Spielzeug keine langen Fäden oder ähnliches aufweist, die sich um den Hals oder auch die Finger deines Babys schlingen können.

Sterilisieren

In Bezug auf Schnuller und Fläschchen spielt die Frage nach deren Sterilisieren auch eine wichtige Rolle. Denn das reine Ausspülen reicht in der Regel nicht aus, um zu verhindern, dass Rückstände an den Saugern zurückbleiben, die deinem Baby schaden könnten.

Wie wichtig ist das Sterilisieren von Flaschen, Schnullern etc.? Warum reicht gutes Ausspülen nicht aus?

Das Sterilisieren von Flaschen und Schnullern ist sehr wichtig, um Keime und Bakterien wirklich zuverlässig abzutöten. Zwar gehört es mit zu dem Vorgang des Sterilisierens, die Fläschchen auszuspülen und auch die Schnuller abzuwaschen. Doch, um auf Nummer sicher zu gehen, solltest du sie immer sterilisieren.

Zumindest bis zu der Vollendung des 7. Lebensmonats deines Babys solltest du immer auf eine ausreichende Sterilisierung achten. Anschließend reicht es, die Fläschchen und Schnuller ausreichend und mit heißem Wasser zu reinigen. Denn zu diesem Zeitpunkt ist das Immunsystem deines Babys ausreichend gereift, sodass die Bakterien und mögliche Keime es nicht mehr so stark angreifen können.

Was kann ich tun, wenn mein Sterilisator am Wochenende kaputtgeht? Wie kann ich die Flaschen alternativ sterilisieren?

Die beliebteste Variante für das Sterilisieren der Babyfläschchen und Schnuller stellt die Verwendung eines Sterilisators dar. Sollte dieser aber aus irgendwelchen Gründen nicht zur Verfügung stehen oder kaputt sein, kannst du die Fläschchen und Schnuller deines Babys auch auf andere Weise sterilisieren und für den erneuten Gebrauch vorbereiten:

- Sterilisierung durch einen Mikrowellen-Vaporisator. Der Vorteil besteht hier darin, dass es sich um eine sehr kostengünstige Variante handelt. Der Nachteil ist, dass sich dieser Vaporisator nur für kleine Mengen und nicht für alle Flaschenarten anbietet.
- Auskochen der Schnuller, Fläschchen und Sauger in kochendem Wasser. Diese Variante bietet sich an, da es sich ebenfalls um eine kostengünstige Methode handelt und so viele Fläschchen auf einmal sterilisiert werden können. Allerdings besteht dadurch ein Verbrennungsrisiko und die Utensilien müssen alle separat an der Luft getrocknet werden.

STILLEN – STILLEN, STILLZEIT, ABSTILLEN UND CO

Die Stillzeit stellt für viele Mütter und ihre Babys eine besonders aufregende und wunderschöne Zeit dar, in der sich eine intensive Bindung zwischen der Mutter und dem Baby aufbaut. Durch das Stillen genießen sowohl die Mutter als auch das Kind die Nähe und die Wärme sowie die gemeinsame Zeit, die sie während des Stillens miteinander verbringen.

Allerdings heißt das auf keinen Fall, dass Mütter, die sich gegen das Stillen entscheiden oder aus anderen Gründen nicht stillen können, keine enge Bindung zu ihren Babys haben. Du kannst deinem Baby genauso tief in seine wundervollen Augen schauen, wenn du ihm die Flasche gibst, wie das der Fall ist, wenn es an deiner Brust ist und trinkt. Keine Mutter ist eine bessere Mutter, weil sie stillt, oder eine schlechtere Mutter, weil sie sich dafür entschieden hat, das Fläschchen zu geben.

Dennoch lässt sich nicht ausschließen, dass das Stillen für das Baby und auch für die Mutter ein paar sehr fundamentale und nicht von der Hand zu weisende Vorteile mit sich bringt. Wusstest du im Übrigen, dass die Weltgesundheitsorganisation (WHO) Müttern empfiehlt, ihre Kinder mindestens 2 Jahre lang (wenn möglich sogar länger) zu stillen? Anfangs ernährt die Muttermilch das Kind, während es nach dem Einführen der Beikost als Begleitnahrung dient. Wenngleich viele Menschen auch heute noch davon ausgehen, dass die Muttermilch nach einiger Zeit zu Wasser wird, stimmt das nicht. Vielmehr profitiert das Baby die ganze Stillzeit hinweg von der Muttermilch und ihrer Zusammensetzung.

Bei all den Stillthemen handelt es sich jedoch nicht nur um Themen, die die Mutter ansprechen. Auch der Vater spielt hier eine wichtige Rolle und kann die frisch gebackene Mutter bei ihrer Stillbeziehung mit dem Baby unterstützen. So kann ein Glas Wasser oder ein gemütliches Kissen, das der Papa bei Bedarf besorgt, eine große Erleichterung für die Mama sein. Das Dasein hilft schließlich auch beim Stärken des Bondings zwischen dem Papa und dem Baby.

Was spricht fürs Stillen?

Die Muttermilch – das flüssige Gold. Hast du schon einmal etwas von diesem Ausdruck gehört? In der Tat haben Wissenschaftler, die sich die Muttermilch genauer angesehen haben, festgestellt, dass diese lebt und Millionen von Zellen enthält, die dazu beitragen können, das Baby vor Infektionen zu schützen.

Wusstest du, dass die Muttermilch immer und immer wieder ihre Zusammensetzung und somit auch die Farbe ändern kann? Das liegt daran, dass das Baby über seinen Speichel Informationen an den Körper der Mutter abgibt. Der Körper der Mutter verarbeitet diese Informationen und stellt die Muttermilch anschließend so zusammen, dass sie perfekt auf die Bedürfnisse des Babys angepasst ist. Grundsätzlich kann die Muttermilch jede Farbe annehmen, ohne dass dies eine negative Auswirkung auf die Qualität der Milch hat.

Doch, was spricht nun genau für das Stillen? Welche Vorteile bringt das Stillen für das Baby und für die Mutter mit sich?

1) Die Vorteile des Stillens für das Baby

Zunächst einmal ist es wichtig zu wissen, dass das Stillen sehr viele positive Aspekte mit sich bringt, die sich direkt auf das Baby beziehen. Zudem solltest du auch immer bedenken, dass es sich bei dem Stillen nicht einfach nur um die Nahrungsaufnahme handelt, sondern dass hinter der wundervollen Stillbeziehung zwischen Mutter und Kind sehr viel mehr steckt. Stillen ist nicht nur Ernährung. Stillen ist Liebe, Geborgenheit, Halt, Sicherheit und Trost.

Babys kommen mit einem sehr großen Saugbedürfnis auf die Welt, was auch der Grund dafür ist, dass Hersteller Schnuller auf dem Markt anbieten, an welchen die Babys saugen können. Sowohl das Saugen als auch das Nuckeln helfen Babys dabei, sich zu beruhigen, weshalb es vollkommen normal ist, dass sie nicht nur zum Trinken an die Brust der Mutter wollen, sondern auch nach ihr suchen, wenn sie Halt brauchen oder sich nach Liebe, Geborgenheit und Wärme sehnen.

Vorteile, die das Stillen für dein Baby mit sich bringen kann, sind die Folgenden:

- Das Baby kann sich rein von der Muttermilch ernähren, durch sie wachsen und gedeihen. Das liegt daran, dass sie sehr fettreich und auch wasserhaltig ist. Mit dieser Beschaffenheit wird der Wasser- und Energiehaushalt deines Babys auf besonders hochwertige und zuverlässige Weise unterstützt.
- Durch den hohen Eiweißgehalt der Muttermilch kann das Kind sehr gut wachsen und zu derselben Zeit die Milch auch sehr viel besser verdauen.
- In der Muttermilch befinden sich nicht nur viele Nährstoffe, sondern auch zahlreiche Antikörper, die das Baby somit über die Muttermilch direkt mit in seinen Organismus aufnimmt. Das wiederum wirkt sich sehr gut auf das Immunsystem deines Babys aus,

das durch diesen Umstand eine sehr zuverlässige Stärkung erfährt. Aus genau diesem Grund raten Experten auch dazu, weiterhin das Baby zu stillen, selbst wenn die Mutter krank ist. Denn über die Muttermilch gibst du nicht nur Antikörper aus früheren Krankheiten mit an dein Kind ab, sondern auch die Antikörper deiner aktuellen Erkrankung. So kannst du dein Kind bestens schützen und bezüglich der Funktionsweise seines Immunsystems unterstützen.

- Durch die Omega-3-Fettsäuren, die sich in der Muttermilch befinden, kann sich das Gehirn deines Babys sehr gut entwickeln.
- Der Darm deines Babys muss sich erst daran gewöhnen, Nahrung in der Form von Milch zu sich zu nehmen. Genau aus diesem Grund sorgen unter anderem Fettsäuren wie die Linolsäure und auch die in der Muttermilch enthaltenen Kohlenhydrate dafür, die Darmflora deines Babys zu unterstützen. Gleichzeitig bauen sie einen sehr wichtigen Infektionsschutz auf.
- Laktoferrin – ebenfalls in Muttermilch enthalten – wirkt sich auch positiv auf den Infektionsschutz aus und verbessert zu derselben Zeit die Aufnahme des Eisens, das in der Muttermilch vorhanden ist.
- Noch mehr Infektionsschutz erhält dein Baby durch die Mehrfachzucker in der Muttermilch. Denn diese fangen mögliche Krankheitserreger bereits im Darm ab und fördern gleichzeitig das Wachstum nützlicher Bakterien im Darm.
- Es ist zu erkennen, dass gestillte Kinder sehr viel seltener an Infektionen erkranken als nicht gestillte. Das trifft vor allem auf Infektionen des Magen-Darm-Traktes sowie des Mittelohrs zu.

- Babys, die mindestens 4 Monate lang ausschließlich gestillt werden, leiden sehr viel seltener unter Allergien.
- Das Stillen schützt die Kinder vor dem Risiko, Übergewicht zu entwickeln, einen Herzinfarkt zu haben oder an anderen Herz-Kreislauferkrankungen zu erkranken (hoher Blutdruck, etc.).
- Gestillte Kinder haben in der Regel ein geringeres Risiko, an Diabetes mellitus zu erkranken.
- Der plötzliche Kindstod tritt bei gestillten Kindern sehr viel seltener ein, als bei nicht gestillten Kindern.
- Dadurch, dass sich das Baby die Milch durch das Saugen erarbeiten muss, erfährt es eine positive Unterstützung der Gaumen- und Kieferentwicklung.
- Im Rahmen amerikanischer Studien konnten Wissenschaftler feststellen, dass gestillte Kinder sehr viel weniger an Lernschwierigkeiten leiden und auch sehr viel seltener Verhaltensauffälligkeiten aufweisen. Zudem vermuten Wissenschaftler, dass gestillte Kinder sehr viel resistenter gegenüber Stress sind als nicht gestillte.
- Du hast die Milch immer mit dabei und musst nicht erst viel planen und einpacken, bevor du mit deinem Baby das Haus verlässt. Du hast, wenn du so willst, die Milchbar-to-go immer griffbereit zur Hand.
- Da dein Baby die Muttermilch direkt aus der Brust trinkt, weist sie die beste Temperatur auf, sodass du diese nicht erst erwärmen und bezüglich der passenden Temperatur überprüfen musst.

Zu guter Letzt spart das Stillen in der Regel sehr viel Geld. Frauen, die stillen, müssen lediglich ein 500 Kilokalorien mehr zu sich nehmen, was sehr viel weniger als der Kauf der Pulvernahrung kostet.

Doch, du darfst dich nicht von den Kostengründen dazu überreden lassen, dein Baby zu stillen.

Es ist wichtig, dass sich das Stillen für dich und für dein Baby natürlich und gut anfühlt. Behalte immer im Hinterkopf, dass sich die Weltgesundheitsorganisation (WHO) zwar für das Stillen über das 2. Lebensjahr hinaus ausspricht. Hier geht es jedoch um eine Stillbeziehung zwischen dir und deinem Baby. Nur dann, wenn ihr euch beide in dieser Beziehung wohlfühlt, ist es eine schöne Beziehung, die ihr weiterverfolgen könnt.

2) Die Vorteile des Stillens für die Mutter

Wie schon gesagt, bringt das Stillen nicht nur Vorteile für das Baby mit sich, sondern auch du als Mutter profitierst von der Stillbeziehung, die sich zwischen dir und deinem Baby bilden kann. Es handelt sich in diesem Zusammenhang um die folgenden vorteilhaften Aspekte:

- Das Stillen kostet nichts und spart dir zudem sehr viel Zeit. Du hast deinen Busen immer bei dir und musst somit nicht an das Fläschchen denken oder Mahlzeiten und Erledigungen intensiv planen. So kannst du sehr viel entspannter sein und musst dir auch keine Sorgen machen, die Milch aufgrund einer möglichen temporären Vergesslichkeit (die durch die Hormonumstellung durchaus entstehen kann) zu vergessen.
- In der Regel verlieren Mütter, die sich dazu entschließen, ihr Baby zu stillen, im Anschluss an die Geburt schneller ihr Gewicht. Das liegt daran, dass das Stillen viel Energie für sich in Anspruch nimmt.
- Während das Baby an deiner Brust saugt, schüttet dein Körper Prolaktin aus, was dazu führt, dass die Mutter sehr viel gelassener

bleibt. Das kann sich vor allem bei Schlafmangel und der Umstellung an die neue Rolle als Mutter als großen Vorteil erweisen.

- Während des Stillens schüttet der Körper der Mutter das sogenannte Hormon „Oxytocin" aus. Dieses spielt nicht nur für den Stillvorgang selbst eine große Rolle, sondern trägt auch dazu bei, dass sich Stillwehen auslösen. Das heißt, dass es zu Kontraktionen der Gebärmutter kommt, was wiederum im Zusammenhang mit einem Druck steht, der sich auf die Gefäße auswirkt. Durch diesen Druck stößt der Körper der Mutter Wundsekrete aus der Gebärmutter aus und die Rückbildung erfolgt in der Regel sehr viel schneller. Ein weiterer Vorteil dieses Hormons besteht darin, dass es den Körper daran hindert, Stresshormone auszuschütten. Das sorgt für sehr viel mehr Gelassenheit und somit auch für eine bessere Bindung zu dem Baby. Nicht umsonst trägt dieses Hormon auch den Namen „Bindungshormon".

- Mütter, die ihr Baby stillen, haben ein sehr viel geringeres Risiko, an Brust- und Eierstockkrebst oder an Osteoporose-Erkrankungen zu erkranken.

- Laut den Ergebnissen einer schwedischen Studie haben Frauen, sofern sie ihr Baby mindestens ein Jahr lang gestillt haben, ein geringeres Risiko dafür, rheumatoide Arthritis aufzuweisen.

- Du musst nachts nicht aufstehen, um das Fläschchen zuzubereiten, sondern kannst einfach gemütlich liegen bleiben (sofern das Baby mit dir im Bett oder im Beistellbett schläft) oder dir dein Baby zu dir holen.

Wie du siehst, bringt das Stillen auch für dich als Mutter sehr viele Vorteile mit sich, sodass sehr viele Aspekte für das Stillen nach der Geburt und auch weit über den 2. Geburtstag des Kindes hinaus sprechen.

Im Übrigen bieten sehr viele Hebammen oder auch Mitarbeiter der „La Leche League“ Stillberatungen an. Du kannst somit mehr über das Stillen und auch über mögliche Probleme lernen und hast immer jemanden an der Hand, der dir bei dem Stillen und der Stillbeziehung zwischen dir und deinem Kind helfen kann.

Wie kann ich erkennen, ob mein Baby von der Muttermilch satt wird?

Viele Mütter haben Angst, ihre Muttermilch könne nicht ausreichen, was natürlich die Zweifel hervorruft, dass das Baby nicht satt wird. Diese Angst kommt in der Regel daher, dass Mütter merken, dass ihr Baby sehr viel öfter an die Brust will und teilweise mehrmals in der Stunde trinkt, während Babys, die die Flasche bekommen, oft über mehrere Stunden hinweg glücklich, satt und zufrieden sind.

Das liegt jedoch daran, dass die Pulvernahrung sehr viel gehaltvoller und somit nicht so leicht zu verdauen ist, wie das bei der Muttermilch der Fall ist. Muttermilch kann dein Baby sehr gut verdauen, weshalb es gut sein kann, dass bereits wenige Augenblicke nach der ersten Mahlzeit erneut der Hunger an die Tür klopft und dein Baby deshalb an die Brust will.

Dass dein Baby jedoch satt und zufrieden ist und dass deine Muttermilch somit auf jeden Fall ausreicht, erkennst du daran, dass dein Baby:

- allgemein zufrieden und lebhaft ist.
- zwischen sechs und acht nasse Windeln innerhalb eines Zeitraums von 24 Stunden hat.
- gut wächst und gedeiht.

Wundere dich nicht, dass dein Baby ab und zu „clustert". Das heißt, dass es ständig an der Brust hängt, ab und zu von ihr ablässt und dann wieder nuckelt. Es handelt sich dabei um einen vollkommen natürlichen Vorgang, bei welchem dein Baby einfach mehr Essen bei dir bestellt. Je mehr dein Baby an der Brust nuckelt, umso mehr Milch produziert sie. Braucht es beispielsweise aufgrund eines Fiebers mehr Flüssigkeit oder hat mehr Hunger, weil es sich in einem Wachstumsschub befindet, kurbelt es durch dieses „Clustern" die Milchproduktion an und steigert folglich die Milchmenge, die ihm anschließend während des Stillens zur Verfügung steht.

Für dich ist es aus diesem Grund wichtig, auf jeden Fall nach Bedarf zu stillen. Dein Baby holt sich, was es braucht, und braucht absolut keine weitere Flüssigkeit wie Wasser oder Tee. Deine Muttermilch ist für dein Baby ein 2-in-1-Menü: Essen und Trinken in Einem.

Was sollte ich nicht essen und trinken während der Stillzeit?

Während der Schwangerschaft darfst du gewisse Dinge nicht essen und trinken. Doch, wie sieht es in der Stillzeit aus? An und für sich solltest du in der Stillzeit keine Lebensmittel ohne guten Grund meiden. Natürlich trifft das nicht auf Alkohol und auf Zigaretten oder andere Drogen zu. Doch, bezüglich Nahrungsmittel kannst du an sich alles essen, was dir schmeckt.

Wenn du feststellst, dass dein Kind auf bestimmte Lebensmittel mit Blähungen, einem wunden Windelbereich oder Ausschlägen und Rötungen reagiert, solltest du durchaus deine Ernährung etwas ändern. In diesem Fall kann es sein, dass das Baby vor allem auf:

- Kohl
- Lauch

- Knoblauch
- Hülsenfrüchte
- Zwiebeln
- Zitrusfrüchte
- Chili und allgemein scharfes Essen
- Milchprodukte

reagiert. Am besten schaust du in diesem Fall immer ganz genau darauf, was du gegessen hast, beobachtest die Situation und lässt dann die im Verdacht stehenden Lebensmittel weg.

Sofern es deinem Baby gut geht und es die Muttermilch, ohne irgendwelche Nebenwirkungen aufzuweisen, verträgt, ist es absolut nicht notwendig, irgendwelche Lebensmittel von deinem Speiseplan zu streichen.

Verzichte auf jeden Fall darauf, eine Diät zu machen. Denn durch eine Diät kann es durchaus zu einer Unterversorgung der Milch mit wichtigen Nährstoffen kommen, sodass dein Kind nicht genug Nährstoffe erhält und sich folglich auch nicht richtig entwickeln kann.

Wie gefährlich sind Medikamente, die ich nehme, für mein Baby, wenn ich stille?

Bei den Medikamenten in der Stillzeit verhält es sich ähnlich wie mit der Ernährung. Während du in der Schwangerschaft sehr darauf achten musst, welche Medikamente du einnehmen darfst, sodass sie sich mit deinem Zustand vereinbaren, handelt es sich bei vielen Medikamenten um Präparate, die du ohne Probleme während der Stillzeit einnehmen kannst.

Da sich unter den vielen Medikamenten auf dem Markt aber durchaus Präparate befinden, die mit ihren Wirkstoffen in die Muttermilch übergehen können, ist stets zu beachten, dass du die Einnahme der Medikamente immer zuvor mit deinem Arzt besprichst und niemals auf eigene Faust handelst. Spreche deinen Arzt immer darauf an, dass du dein Baby stillst, sodass er dir entweder eine Alternative oder Hinweise bezüglich der Einnahme des Medikamentes geben kann. Denn es kann sein, dass du einige Medikamente zu einem bestimmten Zeitpunkt einnehmen kannst, sodass diese zu dem Zeitpunkt, zu dem dein Baby an der Brust trinkt, keine Rückstände mehr in der Milch hinterlassen.

Ich würde so gern stillen, aber ich habe nicht genug Milch. Gibt es Mittel und Wege, um die Milchproduktion anzuregen?

Einige Frauen haben aus unterschiedlichsten Gründen Angst, nicht ausreichend Milch zu haben. Das liegt oft daran, dass Babys sehr oft an die Brust wollen, was viele Mütter natürlich verunsichert. Für dich ist es diesbezüglich wichtig zu wissen, dass es vollkommen normal ist, dass dein Baby oft an die Brust will und viel an ihr trinkt. Behalte dabei auch im Hinterkopf, dass das Stillen nicht nur die Nahrungsaufnahme ist, sondern für dein Kind auch Liebe, Wärme, Sicherheit und Geborgenheit bedeutet.

Dass:

- dein Baby tagsüber oft an die Brust will,
- dein Baby nachts mehrmals aufwacht und gestillt werden möchte,
- dein Baby nur kurz an der Brust trinkt oder lange braucht,

- sich deine Brüste weicher anfühlen, als das in den ersten Wochen unmittelbar nach der Geburt der Fall war,
- keine Milch mehr aus deinen Brüsten läuft,
- du keine Milch abpumpen kannst,
- bedeutet noch lange nicht, dass du nicht genug Milch produzierst.

Führe dir immer wieder vor Augen, dass die Menge an Milch, die du mit einer Pumpe aus deiner Brust saugen kannst, gar nichts darüber aussagt, wie viel Milch du hast. So kann es sein, dass du sehr viel Milch produzierst, beim Pumpen mit der Milchpumpe aber trotzdem nichts aus der Brust kommt.

Beachte, dass du nach Bedarf stillst und dich nicht an einem Stillplan orientierst. So stellst du sicher, dass dein Baby genug Milch bekommt. Sollte es dennoch:

- sehr wenig an Gewicht zunehmen oder sogar an Gewicht verlieren,
- nicht ausreichend nasse Windeln (zwischen 6 und 8 innerhalb von 24 Stunden) haben,
- einen sehr dunklen Urin, einen trockenen Mund oder starke Gelbsucht haben,

ist es durchaus möglich, dass dein Baby nicht genug Milch bekommt. Da dies jedoch nicht zwingend an deiner Milchproduktion selbst, sondern auch an anderen Gründen (verkürztes Zungenbändchen bei deinem Baby oder auch falsches Anlegen, etc.) liegen kann, ist es empfehlenswert, dich in diesem Fall an eine Hebamme oder eine Stillberaterin zu wenden. Diese beobachtet dich und dein Baby beim Stillen und kann somit feststellen, ob womöglich ein falsches Anlegen der Grund für euren Status Quo ist oder ob tatsächlich eine geringe Milchproduktion an der Wurzel des Problems steckt.

Möglichkeiten, die du hast, um dein Baby dazu animieren zu können, besser von der Brust zu trinken, oder um deine Milchproduktion zu steigern, sind die Folgenden:

- Ändere deine Stillposition, sodass dein Baby effizienter an deiner Brust trinken kann.
- Achte auf viel Haut-zu-Haut-Kontakt zwischen dir und deinem Baby, sodass du vermehrt das Hormon Oxytocin ausschüttest. Dieses spielt unter anderem in Bezug auf den Milchfluss eine wichtige Rolle.
- Übe dich in Entspannungstechniken und stelle dir vor deinem inneren Auge vor, wie Wasser aus einem Brunnen springt. Das soll bei der Stimulierung des Milchflusses helfen.

Doch, wie schon gesagt, wendest du dich im Zweifelsfall am besten an eine Hebamme oder an eine Stillberaterin.

Nutze nach Bedarf eine Milchpumpe, um die Milchproduktion zu steigern. Die Anregung durch eine Pumpe funktioniert jedoch nur mit der Hilfe eines elektrischen Modells. Nur ein solches Modell kann das Saugen des Babys an der Brust imitieren und somit eine positive Wirkung auf deine Milchproduktion haben.

Mein Baby hat schon ein paar Zähne und beißt. Wie kann ich ihm das nachhaltig, aber nicht grob abgewöhnen?

Beim Stillen kann es nun ab und zu passieren, dass dein Baby mit seinen Zähnen an der Brustwarze nagt oder sogar in sie hineinbeißt. Da die Brustwarze besonders sensibel und somit schmerzempfindlich ist, kann das natürlich zu starken Schmerzen führen. Für dich ist es in diesem Zusammenhang wichtig, nicht nach dem Motto „Augen zu und durch" zu handeln, sondern gegen das Beißen in deine Brustwarze vorzugehen. Es handelt sich um eine Stillbeziehung, bei der du und dein Kind euch beide wohlfühlen müsst. Am besten:

- steckst du einen Finger in den Mundwinkel deines Babys und ziehst leicht, sodass sich das Vakuum löst und du dein Baby von der Brust abdocken kannst. Es ist wichtig, das Stillen direkt zu unterbrechen, wenn dein Baby beißt, damit es so merkt, dass es nicht weiter so machen darf.
- schaust du deinem Kind in die Augen und sagst ihm deutlich „Nein". Ist dein Baby schon etwas älter und kann verstehen, was du ihm sagst, kannst du ihm auch erklären, wieso du nicht möchtest, dass es dich in deine Brustwarze beißt.
- besorgst du einen Beißring. Es kann sein, dass sich dein Kind aufgrund des Zahnens Erleichterung durch das Beißen verschaffen möchte. In diesem Fall kann es helfen, ihm einen Beißring zu kaufen oder ihm unter Umständen auch etwas mit einem Zahnungsgel zu helfen.

Wie stille ich ab, sodass es für mich als Mutter und mein Baby natürlich ist?

Wie lange du dein Baby stillen möchtest, liegt ganz in deiner Entscheidung. Wenngleich die Weltgesundheitsorganisation (WHO) das Vollstillen bis zum 6. Monat und das anschließende Weiterstillen bis über das 2. Lebensjahr hinaus empfiehlt, heißt das für dich nicht, dass du auf Biegen und Brechen stillen musst, bis dein Kind von alleine entscheidet, dass es nicht mehr stillen möchte.

Wusstest du, dass Frauen ihre Kinder in einigen Ländern sogar bis hin zu sechs oder gar sieben Jahren stillen, bis sich die Kinder von selbst abstillen? Natürlich stillen solche Kinder oft nur kurz zum Einschlafen oder kurz nach dem Aufstehen, doch in diesem Fall entscheidet das Kind, wann es nicht mehr gestillt werden mag. Fühlst du dich als Mutter wohl damit, ist absolut nichts dagegen einzuwenden, so lange zu warten, bis sich dein Baby bereit dazu fühlt, abgestillt zu werden.

Wenn du jedoch für dich merkst, dass du nicht mehr stillen möchtest, ist es für dich und auch für dein Baby wichtig, sanft abzustillen und diesen Prozess langsam einzuleiten. Um das Abstillen so natürlich wie nur möglich zu gestalten, kannst du nach dem 6. Monat die Stillmahlzeiten nach und nach (nicht alle auf einmal):

- durch Beikost oder
- mit Flaschenmahlzeiten ersetzen.

In beiden Fällen gilt es jedoch, deinem Kind nicht von heute auf morgen die Brust zu verweigern, sondern das Abstillen als natürlichen Prozess zu gestalten, an den sich dein Kind nach und nach gewöhnt. Zumal du mit Sicherheit selbst bei dir feststellen wirst, dass dir das Abstillen doch nicht so leichtfällt, wie du dir das vorgestellt hast. Auf einmal macht sich doch etwas Traurigkeit in dir breit und vielleicht vermisst du die Nähe zu deinem Baby, die ihr während des Stillens immer genossen habt.

Umso wichtiger ist es, für dich und dein Baby in der Zeit des Abstillens viel Kuschelzeit miteinander zu verbringen und euch viel Nähe zu schenken.

Ein paar Tipps, die dich unter Umständen bei dem Abstillprozess unterstützen können, stellen die Folgenden dar:

- Geduld und Zeit. Habe keine zu große Eile. Oft merken Kinder, wenn ihre Eltern unter Druck stehen und klammern dann noch mehr an der Brust. Gehst du hingegen entspannt an das Abstillen heran, besteht eine große Wahrscheinlichkeit, dass es auch deinem Baby leichterfallen wird, von der Brust zu lassen.

- Nutze Globulis, die die Milchbildung verhindern. Dein Baby wird merken, dass zunächst immer weniger und anschließend kaum noch Milch aus der Brust kommt, und vermutlich nicht mehr oft nach ihr fragen. Allerdings solltest du dabei auch immer wieder im Hinterkopf behalten, dass das Stillen eben nicht nur die Aufnahme von Nahrung bedeutet, sondern gleichzeitig auch eine Kuscheleinheit, Trost, Liebe, Zuwendung und Geborgenheit ist.

Nutze Pfefferminze und Salbei, um den Milchfluss etwas zu dämmen.

TRANSPORT NACH DER GEBURT NACH HAUSE

Wenn du nicht zu Hause entbindest, sondern dich für die Geburt in ein Geburtshaus oder ein Krankenhaus begibst, kommt nach der Geburt (sei es einige Stunden danach oder auch einige Tage hinterher) zur Heimfahrt mit deinem Baby. Zum ersten Mal bringt du dein Baby nach Hause, wo du seit Monaten auf seine Ankunft gewartet hast.

Vielleicht hast du bereits schon einmal von dem Spruch gehört, dass mit der Geburt eines Kindes die Sorgen nie wieder weggehen und du dir ständig Gedanken bezüglich des Wohlergehens deines Kindes machst. Aus diesem Grund beschäftigt sehr viele Eltern die Frage danach, wie sie das Baby am besten nach Hause bringen und worauf sie dabei kleidungstechnisch achten sollen.

Worauf muss ich achten, wenn ich mit meinem Baby zum ersten Mal nach Hause fahre?

Wenn die Mutter und das Kind zum ersten Mal nach der Geburt im Krankenhaus oder im Geburtshaus nach Hause fahren, sollten sie immer ein paar wichtige Aspekte im Hinterkopf behalten, um die Fahrt für alle Beteiligten so angenehm wie nur möglich zu gestalten.

In der Regel erfolgt die Fahrt nach Hause mit dem Auto, weshalb die wichtigste Grundvoraussetzung das Vorhandensein einer Babyschale darstellt. In dieser findet dein Baby angenehm Platz und du kannst entspannt und sicher mit ihm nach Hause fahren. Am besten fährt jedoch nicht die Mutter, die sich noch von der recht anstrengenden Geburt erholen muss, sondern der Partner oder ein anderes Familienmitglied.

Am besten achtest du in Bezug auf die Babyschale zum einen darauf, dass du sie über eine Isofix-Befestigung im Auto anbringen kannst. Das erleichtert dir die Installation ungemein. Zum anderen ist der Airbag zu deaktivieren, falls du die Babyschale auf den Beifahrersitz stellen und dort nutzen möchtest. Allerdings weisen Experten darauf hin, die Babyschale mit dem Baby auf einem der hinteren Sitze zu installieren, um ein höheres Maß der Sicherheit garantieren zu können. Empfehlenswert ist, den Einbau der Babyschale während der Schwangerschaft zu üben, sodass bei der Fahrt aus dem Krankenhaus nach Hause alles glatt geht und du bzw. dein Partner genau wisst, wie ihr mit der Babyschale umgehen müsst.

Wenn du dir diese Tipps und Hinweise bezüglich der Babyschale zu Herzen nimmst, steht einer sicheren Fahrt nach Hause eigentlich nichts mehr im Wege. Wichtig ist, dass du dein Baby niemals in den Arm nimmst, während sich das Auto in Bewegung befindet. Natürlich möchtest du deinem Baby so nah wie möglich sein oder vielleicht möchte es auch gestillt werden. Die Sicherheit geht aber immer vor und, falls dein Baby unruhig wird, machst du lieber eine Pause, um es in den Arm zu nehmen.

Fahrt außerdem langsam, um vor allem der Mutter, die gerade entbunden hat, die Fahrt so angenehm wie nur möglich zu gestalten.

Sollte sich das Krankenhaus nicht weit von deinem Zuhause befinden, kannst du dir natürlich auch überlegen, dein Kind in das Tragetuch zu wickeln oder in den Kinderwagen zu legen und zu laufen. Höre aber immer auf dein Bauchgefühl und auf deinen Körper. Als Mama hast du gerade ein Kind zur Welt gebracht und es ist mehr als legitim, wenn du nicht laufen möchtest, sondern lieber im Auto fährst.

Wie ziehe ich mein Kind optimal für die erste Heimfahrt an?

Eine weitere wichtige Frage, die sich Eltern in Bezug auf die erste Heimfahrt mit dem Baby stellen, ist die Frage nach der richtigen Kleidung.

An und für sich ist es wichtig, dass sich dein Baby immer in gemütlichen Anziehsachen befindet, die es nicht in seiner Bewegung einschränken und zudem angenehm auf der sensiblen Babyhaut aufliegen. Zudem spielt natürlich auch die Jahreszeit eine wichtige Rolle und bestimmt mit ihren Temperaturen, welche Kleidung du am besten für dein Baby wählst. Am besten packst du die Kleidung direkt in die Kliniktasche, die du vor der Geburt zusammenstellst.

Behalte aber selbst in der kalten Jahreszeit im Hinterkopf, dass das Tragen sehr dicker Winterkleidung in der Babyschale gefährlich sein kann. Denn durch ihre Beschaffenheit beeinflusst sie die Führung des Gurtes negativ. Besser ist es, dein Kind nach dem Anschnallen mit einer Decke zuzudecken und so warm zu halten. Alternativ kannst du dich auch für den Kauf von Einschlagdecken und Fußsäcken entscheiden, die Hersteller speziell für ihre Babyschalen auf dem Markt anbieten.

Welches Transportmittel ist gleichermaßen praktisch und sicher?

Warum müssen es sich Menschen schwer machen, wenn es auch einfach geht? In der Tat kannst du durch die Verwendung einer Babyschale zwei Fliegen mit einer Klappe schlagen, sofern du beim Kauf darauf achtest, dass du diese auf das Gestell eines Kinderwagens setzen und zu derselben Zeit sicher als praktischen Autositz für dein Baby nutzen kannst. So kannst du dein Kind nicht nur sicher im Auto anschnallen und mit ihm von A nach B fahren, sondern du musst es nicht wecken, wenn es im Auto oder während des Spaziergangs im Kinderwagen einschläft.

In diesem Zusammenhang ist es für dich interessant zu wissen, dass sich Babyschalen durch zwei verschiedene Einbaumöglichkeiten auszeichnen nämlich:

- ISOfix-Basisstation und
- Befestigung mit dem 3-Punktgurt des Fahrzeuges.

Während die ISO-fix-Basisstation fest auf einem Sitz montiert wird und du die Babyschale somit nur in diese einrasten und wieder aus ihr herausholen musst, erfordert die Befestigung mit dem Gurt mehr Zeit und Aufwand. Denn du musst den Gurt jedes Mal aufs Neue auf eine bestimmte Weise durch die Babyschale führen, um sie befestigen zu können.

Somit besteht zwischen diesen beiden Varianten bezüglich des Komforts ein großer Unterschied. In der Sicherheit stehen sie sich hingegen in Nichts nach, sodass du ganz alleine entscheiden kannst, für welche du dich entscheidest. Für den Komfort empfehlen viele Menschen eine ISOfix-Basisstation zu nutzen, sofern sich das Fahrzeug für ihren Einbau anbietet. Das ist nämlich nicht bei allen Modellen (vor allem nicht bei älteren Autos) möglich.

Wenngleich es sich bei der Babyschale um ein sehr sicheres Transportmittel handelt, solltest du immer im Hinterkopf behalten, dass sich dein Baby nie länger als eine Stunde am Stück in ihr aufhalten sollte. Wusstest du, dass die Muskeln deines Babys noch nicht voll entwickelt und somit recht weich sind? Lässt du es über einen längeren Zeitraum hinweg in der leicht gebeugten Position in der Babyschale, kann dies die Entwicklung der Knochen negativ beeinflussen.

Das ist auch der Grund für die Tatsache, dass sich viele Eltern für das Tragen im Tragetuch entscheiden. Neben all den Vorteilen, die das Tragen mit sich bringt, können sie so verhindern, dass der Kopf des Babys hinten durch das viele Liegen zu sehr abflacht.

Wie warm braucht es ein Baby?

Hat es mein Baby warm genug? Schwitzt mein Kind? Was ziehe ich meinem Baby an? Fragen über Fragen kreisen in deinem Kopf herum, wenn es um den Umgang mit deinem Baby geht.

An und für sich gilt für die Kleidung deines Kindes, es genauso anzuziehen, wie du dich anziehst. Da sich die Babys jedoch noch nicht so viel bewegen, bietet es sich durchaus an, ihnen eine Schicht mehr anzuziehen, als du dir selbst anziehen würdest.

Was allerdings nahezu nie fehlen sollte, ist eine Mütze auf dem Kopf deines Babys – vor allem in den ersten 6 bis 12 Lebenswochen. Auch im Sommer solltest du auf eine leichte Baumwollmütze zurückgreifen, die dein Baby auf der einen Seite vor dem Wärmeverlust und auf der anderen Seite vor der Sonne schützt.

Tagsüber empfiehlt sich für dein Baby eine Raumtemperatur von zwischen 18 und 20 Grad, während es in der Nacht durchaus etwas kühler sein darf – eine Temperatur zwischen 16 und 18 Grad stellt sich nachts als sehr angenehm für Babys heraus.

Wenngleich du darauf achtest, dass es dein Baby aufgrund seiner Kleidung und der Umgebungstemperatur weder zu warm noch zu kalt hat, bietet es sich für dich immer an, zu prüfen, ob dein Kind vielleicht zu kalt oder zu warm ist. Am besten machst du dies, indem du deine Finger in den Nacken deines Babys legst:

- Ist der Nacken sehr sehr kalt, heißt das oft, dass es deinem Kind kalt ist und du ihm deshalb besser noch etwas anziehst. Kalte Füße hingegen heißen nicht zwingend, dass dein Baby friert. Es kommt in der Tat oft vor, dass Babys kalte Füße haben. Grund dafür ist, dass die Durchblutung der Hände und der Füße bei Kindern noch nicht perfekt funktioniert und Babys somit durchaus auch dann kalte Füße haben können, wenn sie gar nicht frieren und wenn es ihnen warm ist.

- Ist der Nacken deines Kindes sehr warm oder sogar feucht, deutet dies darauf hin, dass es schwitzt, weshalb du ihm in diesem Fall am besten etwas ausziehst. Auch ein Blick auf das Köpfchen kann darauf hinweisen, dass es schwitzt, sofern es eine rote Farbe aufweist.

Interessant zu wissen ist diesbezüglich, dass Babys noch nicht dazu in der Lage sind, ihre Körpertemperatur selbst zu regulieren, weshalb sich nicht zwingend die für das Schwitzen bekannten Schweißperlen auf seiner Stirn bilden. Das ist auch der Grund dafür, den Nacken zu prüfen, um feststellen zu können, ob es deinem Baby zu warm oder eventuell zu kalt ist.

UMGANG MIT DEM BABY

Was mache ich mit dem Baby? Packe ich es in Watte und schütze es vor allen möglichen Gefahren, schlechten Erfahrungen und negativen Gefühlen? Gebe ich es überhaupt anderen Menschen in den Arm? Lasse ich Oma und Opa alleine mit ihm spazieren gehen oder will ich es lieber die ganze Zeit bei mir haben? Wie gehe ich am besten mit meinem Baby um?

Viele Mütter fragen sich unmittelbar nach der Geburt, wie sie mit Ängsten umgehen können, die für sie noch ganz neu sind. Frauen, die zum ersten Mal Mutter werden, wissen oft gar nicht, um was man sich alles Sorgen machen kann, wenn es um das eigene Baby geht. Auf einmal bist du viel vorsichtiger, hast viel mehr Zweifel und Ängste und fragst dich, ob diese normal sind und jemals wieder aufhören.

Angst um sein Baby zu haben, ist vollkommen normal und natürlich. Die Angst hört, um ehrlich zu sein, auch nie wirklich auf. Du lernst vielmehr, mit ihr zu leben, da sie – je nach Alter des Kindes – immer wieder in anderen Facetten und unter anderen Verkleidungen auftritt. Selbst deine Eltern machen sich mit Sicherheit heute noch Sorgen um dich – das ist normal und gehört zum Dasein als Mutter und Vater mit dazu. Doch, wie normal sind die Ängste und wie kannst du mit deinem Baby umgehen, ohne dass du deine Ängste auf dein Baby überträgst?

Ängste und Sorgen sind normale Begleiter in deinem Leben als Mama

Die Sorgen, die du dir um dein Kind machst, sind vollkommen normal und von der Natur vorgesehen, um den Beschützerinstinkt in dir zu wecken. Du möchtest verhindern, dass deinem Kind etwas passiert und beschützt es aus diesem Grund. Das ist auch der Grund dafür, dass die Ängste und Sorgen nie nachlassen. Für dich ist es deshalb umso wichtiger zu lernen, mit diesen Ängsten umzugehen und zu leben, anstatt dir das Leben von ihnen bestimmen zu lassen. Lasse nicht zu, dass die Ängste deinen Umgang mit deinem Baby bestimmen.

Versuche einmal die Blickweise zu ändern, mit welcher du auf deine Sorgen und Ängste schaust. Da diese beiden Aspekte mit unter den Deckmantel der negativen Gefühle fallen, haben sehr viele Menschen eine recht negative Einstellung zu ihnen. Negative Gefühle scheinen keinen Platz in dem Leben der Menschen zu haben, sodass viele Leute dazu neigen, sie zu unterdrücken. Das merkst du vielleicht bereits bei deinem Baby, wenn es weint und deine erste Reaktion zu sagen ist: „nein, nicht weinen…“. Auch wenn du das auf keinen Fall böse meinst, forderst du es unterbewusst bereits als Baby dazu auf, seine Gefühle zu unterdrücken.

Habe keine Angst davor, dass dein Baby negative Gefühle erlebt. Negative Gefühle haben genauso eine Berechtigung wie positive Gefühle. Wichtig für dein Baby und später auch für dein Kleinkind ist die Gewissheit, dass du da bist und dass es mit seinen Gefühlen nicht alleine ist, sondern eine Begleitung durch dich erfährt. Natürlich würde jede Mutter am liebsten immer das Strahlen in den Augen des Kindes und das breite Grinsen, welches die Lippen auf seinem Gesicht formen, sehen. Doch, im Leben kann nicht immer die Sonne scheinen und negative Gefühle gehören neben dem Sonnenschein der positiven Gefühle mit zu dem Regenbogen dazu, der sich am Himmel bildet und das Leben deines Kindes in eine wundervolle Farbenpracht taucht.

Angst vor Gefühlen kannst du also sehr gut regulieren, indem du dich fragst, warum du selbst deine negativen Gefühle unterdrückst, und sicherstellst, eine gute und gesunde Beziehung zu ihnen aufzubauen.

Wie kann ich meine Ängste regulieren?

Natürlich plagt vor allem Mütter nicht nur die Angst vor negativen Gefühlen. Während in der Schwangerschaft bereits die ersten Sorgen und Ängste an die Oberfläche treten, stellen diese in der Regel nur die Spitze des Eisberges dar. Nach der Geburt setzen sich Mütter mit vielen anderen Ängsten auseinander:

- Bin ich eine gute Mutter? Mache ich genug für mein Baby oder sollte ich mehr machen?
- Kann ich den Menschen in meinem Umfeld vertrauen, richtig mit meinem Baby umzugehen?
- Wie kann ich mein Kind davor beschützen, dass ihm etwas passiert?

Es handelt sich hierbei nur um eine sehr kleine Auswahl an Ängsten, welche Mütter plagen. Mit Sicherheit wird es dir nicht weiter schwerfallen, diese Liste zu erweitern.

Um mit diesen Ängsten umgehen und somit verhindern zu können, dass du sie auf dein Kind überträgst, ist es für dich wichtig, dich mit ihnen auseinanderzusetzen und dir einzugestehen, dass du dein Kind nicht vor der Welt beschützen kannst. Was du tun kannst, ist, dein Kind so zu erziehen, dass es:

- Selbstbewusstsein, Selbstliebe, Selbstvertrauen und Selbstwert entwickelt.

- die Gewissheit hat, mit Problemen immer zu dir kommen zu können.
- gewissenhaft lebt und mit Achtsamkeit durch die Welt geht.

Für diese Zwecke ist es für dich als Mutter ratsam, die Rahmenbedingungen zu schaffen, die deinem Kind erlauben, sich frei entwickeln und die Umwelt entdecken zu können. Es ist wichtig, ihm Achtsamkeit vorzuleben und somit erst einmal die Achtsamkeit überhaupt in deinen Alltag als Mutter zu integrieren.

Es ist wichtig, deinem Kind keine Angst zu machen, ihm aber durchaus Dinge zu erklären – natürlich kindgerecht. Nutze zudem positive Formulierungen, wenn es um deine Ängste geht:

- Pass auf, sonst fällst du → Fühlst du dich sicher? Achte immer darauf, dich sicher zu fühlen.
- Nein, sonst stößt du dich → Hast du die Kontrolle über deine Geschwindigkeit, wenn du rennst? Nutze deine scharfen Augen, um genau zu sehen, ob Hindernisse vor dir liegen.

Alleine diese positive Formulierung deiner Ängste kann:

- dir dabei helfen, sie anders zu betrachten.
- deinem Kind dabei helfen, Selbstbewusstsein zu entwickeln, ohne dass sich deine Ängste auf es übertragen.

Sicherlich gibt es nicht das eine richtige Rezept im Umgang mit deinem Kind. Versuch deine Ängste anzunehmen und einen Weg zu finden, um mit ihnen umgehen zu können. Sei deinem Kind immer ein Vorbild, höre ihm zu, sei für es da, respektiere es, verstehe es und kommuniziere mit ihm, sodass du ihm die besten Voraussetzungen für ein selbstbestimmtes Leben gibst, in dem es weiß, immer zu dir kommen zu können.

VERHALTEN REGULIEREN

Hilfe, ich bin wie meine Mutter! Ist dir dieser Satz schon einmal durch den Kopf gegangen und hast du dich vielleicht wirklich schon einmal dabei erwischt, so zu sein, wie deine Mutter war, als du Kind warst? Was steckt dahinter? Wieso verhältst du dich in manchen Situationen wie deine Mutter, obwohl du das eigentlich gar nicht möchtest? Was hat es mit diesem Verhalten auf sich und was kannst du tun, um ihm vorzubeugen?

Warum verhalte ich mich wie meine Mutter?

Vielleicht hast du schon einmal etwas von dem Begriff „inneres Kind“ gehört. Jeder Mensch hat ein solches inneres Kind, das sich im Unterbewusstsein befindet und sich an unterschiedliche Situationen, Gefühle und möglicherweise auch Traumata aus der eigenen Kindheit erinnert. Dein inneres Kind hat sich aus den Erfahrungen deiner Kindheit und aus dem Umgang deiner Eltern mit dir gebildet.

Im Umkehrschluss heißt das also, dass auch du die Verantwortung für die Bildung des späteren inneren Kindes deines Kindes trägst. Das innere Kind meldet sich in der Regel nicht oft zu Wort und schlummert in deinem Unterbewusstsein vor dich hin. Das macht es so lange, bis es auf einen Trigger trifft, der es wachrüttelt und dich zurück in deine Kindheit versetzt. Das heißt nicht, dass sich zwingend Filme vor deinem inneren Auge abspielen, sondern vielmehr, dass sich Gefühle in dir ausbreiten. Oft handelt es sich um negative Gefühle, die in dir den Drang hervorrufen, dich auf eine bestimmte Weise zu verhalten.

Vielleicht durftest du deine Gefühle als Kind nie ausleben und deine Eltern haben direkt mit einem „Da musst du nun nicht weinen.“ oder

„Schrei jetzt nicht so rum – dafür gibt es keinen Grund!“ reagiert. Möglicherweise durftest du deiner Wut keinen freien Lauf lassen, sondern musstest sie unterdrücken und durftest auch nicht deine Meinung sagen, ohne dafür bestraft oder geschimpft zu werden.

All diese Reaktionen aus deiner Kindheit tragen dazu bei, dass dich die Gefühle deines Kindes und sein Verhalten – wenn es schreit, weint, wütend ist oder dir widerspricht – dein inneres Kind triggern und in dir den Drang hervorrufen, so zu reagieren, wie deine Eltern mit dir reagiert haben. Dies passiert unabhängig davon, ob du so reagieren möchtest. Dein verletztes inneres Kind kann dich durchaus dazu treiben.

Wie kann ich aufhören, mich von meinem Kind triggern zu lassen und wie meine Mutter zu handeln?

Um aufhören zu können, wie deine eigene Mutter zu handeln und somit den Kreislauf, der sich immer und immer wieder wiederholt, durchbrechen zu können, ist es zunächst wichtig, zu erkennen, dass du über ein gekränktes inneres Kind in dir verfügst. Indem du erkennst, welche Trigger dein inneres Kind trotzen lassen, hast du die besten Voraussetzungen, um an ihnen zu arbeiten.

Arbeite deine eigenen Erfahrungen auf, verbessere deine Beziehung zu deinen eigenen Gefühlen und heile somit dein inneres Kind, das sich anschließend nicht mehr von deinem Kind getriggert fühlen wird.

Beachte, dass du authentisch bist und dich bei deinem Kind entschuldigst, wenn du etwas falsch gemacht und nicht so reagiert hast, wie du das eigentlich wolltest. Halte inne, schaue ihm in die Augen und sage es ihm: *Es tut mir leid. Ich wollte eigentlich anders reagieren. Ich arbeite an mir. Entschuldige. Ich habe dich lieb.*

Nach und nach wirst du merken, den Kreislauf durchbrechen zu können und nicht mehr so zu sein wie deine eigene Mutter. Es handelt sich hierbei natürlich um ein sehr großes und wichtiges Thema, über welches du unter Umständen auch mit einem Psychologen sprechen kannst.

Kinder halten Erwachsenen den Spiegel vor. Dein Kind zeigt dir ganz klar und ohne Gnade, was in deinem Inneren los ist und holt unter Umständen verdrängte Gefühle und Erinnerungen aus deiner Vergangenheit hervor. Siehe diesen Umstand als Chance, an dir zu arbeiten und für dein Kind die Mutter sein zu können, die du sein möchtest - nicht die, die dein verletztes inneres Kind unterbewusst herbeitrotzt.

Vorsorgeuntersuchungen und Impfungen

Vor allem in dem ersten Jahr deines Babys stehen einige wichtige Vorsorgeuntersuchungen sowie Impfungen an. Vor allem in Bezug auf das Impfen – aber auch im Rahmen der Vorsorgeuntersuchungen – kommen bei Eltern oft einige Fragen auf, auf welche sie gerne eine Antwort hätten.

Welche Tests und Untersuchungen werden bei den Vorsorgeuntersuchungen gemacht?

Die Besuche beim Kinderarzt sind für Eltern in der Regel recht aufregend. Aus diesem Grund kann es dir vielleicht ein bisschen helfen, zu wissen, was dich bei diesen Vorsorgeuntersuchungen erwartet. Beachte, dass du dir einen Kinderarzt suchst, bei dem du dich wohlfühlst und mit dem du dich gut über mögliche Sorgen unterhalten kannst.

Was genau passiert nun bei den einzelnen Vorsorgeuntersuchungen (U-Untersuchungen) innerhalb des ersten Lebensjahres deines Kindes? Bei jeder U-Untersuchung wird der Kinderarzt dein Baby messen und wiegen und alle wichtigen Werte in dem Vorsorgeuntersuchungsheft festhalten.

U1 (Unmittelbar nach der Geburt)

- Erkennen von behandlungsbedürftigen Zuständen und äußerlichen Fehlbildungen;
- Prüfen der Hautfarbe, des Herzschlages, der Reflexe, der Atmung und der Muskelspannung des Babys;
- Blutentnahme aus der Nabelschnur, um die Sauerstoffversorgung zu prüfen;

- Beratung für die Mutter bezüglich des Stillens.

U2 (Zwischen dem 3. und 10. Lebenstag)

- Test einer möglicherweise vorhandenen Gelbsucht;
- Untersuchung der Haut, der Sinnesorgane, der Brust- und Bauchorgane, des Kopfes und des Skelettsystems mit Nerven und Muskeln;
- Beratung bezüglich der Gabe von Vitamin K und Vitamin D für dein Baby;
- Neugeborenen-Hörtest (dafür wirst du ggf. mit deinem Baby an einen Ohrenarzt verwiesen).

U3 (Mit circa einem Monat)

- Erkennen möglicher Entwicklungsauffälligkeiten;
- Kann das Baby den Kopf in der Bauchlage halten? Öffnet es seine Hände spontan? Schaut es bereits aufmerksam nach Gesichtern in der Nähe?
- Überprüfung der Hüftgelenke des Babys;
- Prüfen, ob das Baby Gelbsucht hat;
- Möglicherweise findet die erste Impfung statt und du erhältst einen Impfpass für dein Baby.

U4 (Zwischen dem 3. und dem 4. Lebensmonat)

- Prüfen der altersgerechten körperlichen und geistigen Entwicklung des Babys;
- Prüfen des Seh- und Hörvermögens des Babys;
- Untersuchung der Fontanelle;

- Spätestens jetzt die ersten Impfungen oder die Vereinbarung weiterer Impftermine außerhalb der U-Untersuchungen.

Impfungen, die innerhalb dieses Zeitraums stattfinden, sind unter anderem:

- Diphtherie,
- Tetanus,
- Haemophilus Influenzae (Hib),
- Hepatitis B,
- Kinderlähmung,
- Keuchhusten,
- Pneumokokken.

U5 (Zwischen 6. und 7. Lebensmonat)

- Untersuchung der körperlichen und mentalen Entwicklungsschritte;
- Besprechen der Zahngesundheit;
- Gezielte Tests, um Hinweise auf mögliche Sehstörungen zu erkennen und wahrzunehmen;
- Wie kann das Baby seinen Körper beherrschen?
- Prüfen des Impfstatus des Babys und Nachholen bestimmter fehlender Impfungen.

U6 (Zwischen 10. und 12. Lebensmonat)

- Besonderes Merkmal auf mögliche Entwicklungsverzögerungen;
- Untersuchung der Augen des Babys;

- Prüfen, wie sehr das Baby seinen Körper beherrscht und wie beweglich es ist.

Neben diesen Untersuchungen innerhalb des ersten Lebensjahres deines Babys gibt es im Laufe der nächsten Jahre weitere U-Untersuchungen. Es handelt sich um die U7, U7a, U8 und U9.

Sollte ich mein Baby impfen lassen? Welche Impfungen sind verpflichtend?

Bei der Diskussion rund um das Impfen handelt es sich um eine sehr große und langwierige Angelegenheit, über die sich viele Eltern uneinig sind. Einige Eltern stehen ganz klar hinter Impfungen, während andere Impfungen eher kritisch ansehen und ihre Kinder nicht impfen lassen wollen. Wir möchten in diesem Buch aus diesem Grund keine Antwort auf die Frage, ob du dein Baby impfen lassen sollst, geben, sondern dich in diesem Zusammenhang lediglich dazu einladen, dich mit dem Thema „Impfen" selbst auseinanderzusetzen und dann für dich eine Entscheidung zu treffen, hinter welcher du stehst.

Viele Experten sprechen sich für die Impfungen aus, wobei kaum eine Impfung wirklich verpflichtend ist. Denn in Deutschland herrscht keine generelle Impfpflicht für eine Krankheit. Allerdings müssen sich einige Bevölkerungsgruppen gegen bestimmte Krankheiten impfen lassen. So müssen sich Kinder, die in den Kindergarten oder in die Schule gehen, gegen Masern impfen lassen und den entsprechenden Nachweis vorlegen.

Wie wäge ich Nutzen und Risiko von Impfungen ab?

An und für sich findet sich in Deutschland kein Impfstoff wieder, der bei den Menschen, die die Impfung erhalten, große Komplikationen oder Schäden hervorrufen könnte. Dennoch bietet es sich für dich immer an, mit einem Arzt über mögliche Bedenken zu sprechen und dich bezüglich der Impfungen und möglicher Risiken aufklären zu lassen. Informiere dich auch anderweitig und vor allem weitreichend. Achte auf eine mehrseitige Berichterstattung und sehe dir das Thema aus verschiedenen Blickwinkeln an, um so Nutzen und Risiko für dich selbst abwägen zu können.

Besteht tatsächlich ein Zusammenhang zwischen Impfungen und Autismus?

Vielleicht hast du auch schon von den Bedenken gehört, dass Impfungen - vor allem die Masern- Mumps-Röteln-Impfung (MMS) - zu Autismus bei Kindern führen könnten. Aufgrund der Tatsache, dass diese Bedenken sehr verbreitet waren, haben sich Studien diesen Behauptungen gewidmet und mögliche Zusammenhänge zwischen der MMS-Impfung und dem Autismus untersucht. Dabei sind sie zu dem Ergebnis gekommen, dass die Impfung und der Autismus in keinem Zusammenhang zueinanderstehen. Der Grund, dass so viele Menschen die Schuld für den Autismus in dem Impfstoff sehen, vermuten Wissenschaftler in der Tatsache, dass die MMS-Impfung oft im 2. Lebensjahr stattfindet und Autismus in der Regel in eben diesem 2. Lebensjahr diagnostiziert wird.

Sollte es zu einem Impfschaden kommen, wer kommt dafür auf?

Wenngleich Impfschäden sehr selten vorkommen, kommen sie vor. Aus diesem Grund stellt sich natürlich die Frage, wer in dem Fall eines solchen Impfschadens aufkommt. In der Regel haftet dann der

Impfstoffhersteller und/oder die impfende Stelle. Über Näheres zu dem Thema solltest du dich an eine Rechtsberater wenden.

Welche Kinderkrankheiten sind wirklich gefährlich?

Da Impfungen gegen bestimmte Krankheiten schützen und sich viele Eltern intensiver mit der Frage des Impfens auseinandersetzen, ist es interessant zu wissen, wie gefährlich Kinderkrankheiten wirklich sind.

Zu den als gefährlich eingestuften Kinderkrankheiten gehören unter anderem die Folgenden:

- Masern (Das Masen-Virus kann zu einer Hirnhautentzündung führen, die wiederum zu schweren Gehirnschäden und zu geistigen Behinderungen führen kann. Circa 10 bis 20 Prozent der Masernpatienten sterben an ihnen und zwischen 20 und 30 Prozent leiden unter bleibenden Schäden des Zentralen Nervensystems.);
- Mumps (Diese Krankheit kann zu gefährlichen Komplikationen führen. Zu diesen gehören unter anderem Entzündungen der Hoden, des Gehirns oder der Hirnhaut. Unter Umständen führt dies im Anschluss zu bleibenden Schäden in diesen Bereichen bei den Betroffenen.);
- Windpocken (weniger gefährlich für Kinder und mehr gefährlich für Erwachsene, die als Kind nicht an Windpocken erkrankt sind. Das liegt unter anderem daran, dass circa 20 Prozent aller Erwachsenen, die die Windpocken erst im Erwachsenenalter bekommen, innerhalb des Zeitraums zwischen 3 und 5 Tagen eine Lungenentzündung entwickeln.);

- Keuchhusten (Nicht selten führt Keuchhusten bei Babys zu einem Atemstillstand. Es kann aber auch dazu kommen, dass sich Entzündungen im Gehirn, in der Lunge oder im Mittelohr bilden.);
- Rotaviren (Bei Rotaviren verlieren die Betroffenen oft große Mengen an Flüssigkeit, was vor allem bei Babys sehr fatale Folgen mit sich bringen kann. Denn sie verlieren nicht nur Flüssigkeit, sondern über diese auch lebenswichtige Mineralien.)

Was gehört unbedingt in die Baby-Hausapotheke? Was muss ich in jedem Fall zu Hause bzw. dabei haben?

Sicherlich ist es wichtig, sich selbst nie verrückt zu machen und auch nicht immer mit dem Schlimmsten zu rechnen. Dennoch ist es ratsam, im Falle eines Fiebers oder anderen Symptomen mitten in der Nacht direkt handelt zu können. Hier hast du eine Liste über alles, was mit in die Baby-Hausapotheke kommen soll:

1) Hilfsmittel in der Baby-Hausapotheke

- Fieberthermometer,
- Pinzette,
- Verbandsschere,
- Pipette,
- Einmalhandschuhe,
- Wärmflasche/Kirschkernkissen,
- Desinfektionsmittel,
- Pflaster in verschiedenen Größen,
- Verbandsmaterial (sterile Wundschnellverbände in unterschiedlichen Größen),

- Mullbinden, Dreieckstuch, Brandwundauflage,
- Leinentuch, um Umschläge zu machen.

2) Medikamente

- Zäpfchen, um Fieber zu senken und Schmerzen zu stillen,
- Nasentropfen,
- Salbe gegen wunden Po,
- Mittel gegen Insektenstiche und Sonnenbrand.

Auch Tees wie:

- Kamillentee gegen Magenschmerzen,
- Anis-, Fenchel-, Kümmeltee gegen Blähungen und
- Salbeitee gegen grippale Infekte

sollten sich mit in der Hausapotheke für dein Baby befinden. Denn nicht immer muss es direkt die Chemie sein. Auch mit natürlichen Mitteln und unter anderem Globuli kannst du viel bewirken.

Was ist besser – Wärmflasche, Kirschkernkissen oder Traubenkernkissen?

Neben Wärmflaschen stehen dir auch viele Körnerkissen zur Verfügung, die sich durch eine jeweils andere Art der Füllung auszeichnen. So finden sich unter anderem Kirschkernkissen, Traubenkernkissen und viele weitere Kernkissen auf dem Markt wieder. Die Frage ist nun, ob du dich für eines der Körnerkissen oder für eine Wärmflasche entscheiden solltest, wenn du deinem Baby bei bestimmten Schmerzen und Beschwerden eine Erleichterung verschaffen möchtest.

Generell erfreut sich eine Wärmflasche einer recht großen Beliebtheit. Doch, für Babys greifen Eltern sehr gerne auf Kernkissen zurück. Denn diese geben die Wärme nicht direkt auf einmal, sondern langsamer und somit sanfter ab, sodass die Gefahr möglicher Verbrennungen nicht ganz so hoch ausfällt, wie dies bei der Wärmflasche der Fall ist. Zudem kann ein Kernkissen auch als kühlendes Utensil fungieren und erfreut sich somit eines sehr großen und umfangreichen Einsatzbereichs.

Solltest du dich gegen ein Kernkissen entscheiden und stattdessen auf eine Wärmflasche zurückgreifen, solltest du darauf achten, dass das Wasser in ihr nicht wärmer als 40 Grad Celsius beträgt.

Welche Versicherungen sollte ich für mein Kind abschließen?

Bezüglich der vielen verschiedenen Versicherungen, aus welchen du als Elternteil auf dem Markt bei den unterschiedlichen Anbietern wählen kannst, ist es wichtig, nicht den Fokus zu verlieren und weiterhin den Überblick zu behalten.

Sicherlich kannst du viele unterschiedliche Versicherungen abschließen. Doch, zu den wichtigsten zählen jedenfalls die Folgenden:

- Familien-Haftpflichtversicherung,
- Berufsunfähigkeitsversicherung,
- Risikolebensversicherung und
- Kinderunfallversicherung.

Natürlich steht es dir frei, weitere Versicherungen für dein Kind abzuschließen. Hierfür lässt du dich am besten von einer entsprechenden Stelle beraten.

WICKELN UND HYGIENE

Das Wickeln und die damit im Zusammenhang stehende Hygiene deines Babys ist auch ein nicht zu vernachlässigendes Thema. Dabei gibt es durchaus ein paar wichtige Aspekte bezüglich des Wickelns und der Windeln, die stets im Hinterkopf zu behalten sind.

Wie sitzt die Windel richtig - nicht zu eng, dass es dem Baby Schmerzen bereitet, aber auch nicht so, dass sie zum Luxusartikel wird, weil sie nichts auffängt?

Eine Windel sollte immer gut sitzen, um sicherzustellen, dass sie nicht drückt und sich dein Baby somit nicht unwohl in ihr fühlt. Zu derselben Zeit soll sie Auslaufen verhindern.

Dass eine Windel richtig sitzt, erkennst du unter anderem anhand der folgenden Aspekte:

- Achte darauf, die richtige Windelgröße zu kaufen.
- Stelle sicher, dass die Windel an der Taille eng anliegt und unter dem Bauchnabel deines Babys endet.
- Die Bündchen an den Beinen sollten an dem Po und auch an den Beinen deines Babys anliegen. Ziehe die Bündchen dabei nach außen. Sind die eingestülpt, könnte das dazu führen, dass die Windel ausläuft.

Soll ein Baby zu bestimmten Zeiten gewickelt werden, auch wenn die Windel leer ist?

Nach und nach wirst du feststellen, dass dein Baby zu immer regelmäßigeren Zeiten in die Windel macht. Somit stellen sich langsam feste Zeiten ein, zu welchen du nach der Windel deines Babys schauen wirst, um sie im Zweifelsfall zu wechseln. Sollte dein Baby jedoch eine leere Windel haben, musst du diese nicht wechseln und kannst sie ihm so lange anlassen, bis es etwas in sie reinmacht.

Macht dein Baby eine Windel allerdings nass, ist es wichtig, diese schnell zu wechseln. Ansonsten kann es passieren, dass die Haut wund wird. Kontrolliere aus diesem Grund alle zwei bis drei Stunden, ob die Windel deines Babys voll ist.

Immer prüfen solltest du die Windel deines Babys:

- nach dem Füttern,
- bevor du mit ihm das Haus verlässt und
- bevor dein Baby schlafen geht.

Oft machen sich Babys aber auch bemerkbar, wenn ihre Windel voll ist, indem sie quengelig werden.

Wie oft sollte mein Baby Urin und Stuhl absetzen? Welche Häufigkeit ist unbedenklich und ab wann spricht man von Verstopfung?

Natürlich ist jedes Baby anders, weshalb jedes Baby auch eine unterschiedliche Menge an Windeln pro Tag nassmacht. Um dir jedoch einen Überblick über die Häufigkeit des Wasserlassens und des Stuhlgangs deines Babys verschaffen zu können, kannst du dich an ein paar durchschnittlichen Werten orientieren:

Alter deines Kindes in Monaten	Anzahl der nassen Windeln pro Tag
0 bis 3	8
4 bis 8	6 bis 7
9 bis 13	5 bis 6

Bezüglich des Stuhlgangs solltest du immer im Hinterkopf behalten, dass die Häufigkeit von Kind zu Kind variieren kann. Während einige

Babys mehrmals am Tag Stuhlgang haben, haben andere Babys nur alle paar Tage das große Geschäft in ihrer Windel. Zudem weisen Kinderärzte darauf hin, dass es nicht darauf ankommt, wie oft ein Baby Stuhlgang hat, sondern, dass er gesund ist.

Achte immer darauf, ob dein Baby Probleme mit seinem Stuhlgang hat oder ob es unter Schmerzen leidet. Sollte es unter Schmerzen leiden, könnte das auf eine Verstopfung hinweisen. Weitere Hinweise, die im Zusammenhang mit Verstopfungen stehen können, stellen die Folgenden dar:

- Wechselnder Stuhlgang von Tag zu Tag - sprich: andere Farbe und andere Konsistenz.
- Blut im Stuhl durch Schleimhauteinrisse, die durch die Verstopfung entstehen können.

Wie kann ich mein Baby umweltbewusst versorgen? Wenn ich Stoffwindeln vor Pampers vorziehe und Waschlappen vor Feuchttüchern, welche Tipps können mir helfen, den Wäscheberg zu bewältigen und keine Einbußen in Sachen Hygiene zu machen?

Die Wegwerfwindeln produzieren in der Regel sehr viel Müll. Vor allem, wenn du bedenkst, dass ein Baby jeden Tag viele Windeln braucht. Aus diesem Grund beschäftigen sich viele Eltern mit den sogenannten Stoffwindeln, die sie nicht wegschmeißen müssen, sondern in der Waschmaschine waschen und anschließend wiederverwenden können.

Natürlich handelt es sich dabei um eine sehr viel umweltfreundlichere Art, das Baby zu wickeln. Auf der anderen Seite nimmt das Waschen der Stoffwindeln aber auch viel Zeit und Aufwand in Anspruch. Aus diesem Grund sollten sich Eltern, bevor sie sich für die

Verwendung von Stoffwindeln entscheiden, immer erst mit den Rahmenbedingungen auseinandersetzen, die mit der Verwendung dieser Windeln einhergeht. Um die Arbeit etwas in Grenzen zu halten und auch die Umwelt nicht durch das ständige Waschen der Windeln in der Waschmaschine zu belasten, kannst du – sofern du dich für die Stoffwindeln entscheiden solltest – die Windeln in einer Tonne (die den Geruch nicht aus sich herauslässt, sodass es nicht stinkt) sammeln und dann alle zwei Tage waschen.

Für unterwegs solltest du zudem immer einen Waschlappen dabeihaben, wenn du auf die Anwendung von Feuchttüchern verzichten möchtest. Nehme dir am besten auch immer etwas Wasser mit, mit welchem du den Waschlappen feuchtmachen kannst. So kannst du auf die Feuchttücher verzichten und dein Baby auch ohne Probleme unterwegs wickeln.

Einige Eltern, die Stoffwindeln und Waschlappen nutzen wollen, entscheiden sich auch für einen Mittelweg. Dieser besteht darin, zu Hause im geschützten Rahmen Stoffwindeln und Waschlappen zu nutzen und sich erst einmal mit ihnen vertraut zu machen und draußen Wegwerf-Windeln und Feuchttücher anzuwenden.

Jeder findet dabei seinen eigenen Weg und kann sich auch ganz individuell dafür entscheiden, ob und, wenn ja, wie er die Stoffwindeln in den Alltag einziehen und das Wickeln somit etwas umweltfreundlicher gestalten kann.

ZÄHNE

Wusstest du, dass eines von 2.000 Neugeborenen mit einem Zahn auf die Welt kommt? Dieser Zahn trägt die Bezeichnung „Hexenzahn“ und sitzt in der Regel sehr locker im Zahnfleisch, was daran liegt, dass sich die Wurzel noch nicht ausreichend entwickelt hat.

Milchzähne kommen in der Regel erst zwischen dem sechsten und achten Lebensmonat. Die Schneidezähne unten geben oft den Startschuss. Im Kleinkindalter von drei Jahren hat dein Baby in der Regel seine 20 kompletten Milchzähne.

Wann schießen die ersten Zähne ein und wie kann ich das erkennen? Warum ist es so schmerzhaft für das Baby und wie kann ich ihm Linderung verschaffen?

Dass die ersten Zähnchen bei deinem Baby auftauchen, erkennst du unter anderem an den folgenden Anzeichen:

- Dein Baby kaut auf allen Gegenständen, die es finden kann, rum.
- Der Sabber läuft unaufhaltbar, weil dein Baby mehr Speichel produziert. Das führt nicht selten dazu, dass die Haut rund um den Mund deines Babys wund wird und einen Ausschlag aufweist.
- Dein Baby bekommt schlechte Laune.
- Der Appetit lässt nach.
- Dein Baby kann nicht gut schlafen und ist allgemein sehr unruhig.
- Unter dem Zahnfleisch siehst du eine weiße Stelle und es fühlt sich hart an.

Der Umstand, dass dein Baby quengelig ist und schlecht schlafen kann, ist kein Wunder. Denn beim Zahnen drückt sich der Zahn durch das Zahnfleisch, was dazu führt, dass es anschwillt, schmerzt und auch juckt. Um deinem Baby dabei Abhilfe zu verschaffen, kannst du:

- ihm einen Beißring geben, der nicht nur kühlt, sondern das Zahnfleisch mit den Noppen massiert.
- Zahngels nutzen, um deinem Baby die Schmerzen etwas zu lindern.
- Babyzahnbürsten verwenden und deinem Baby zum Kauen in die Hand geben. Der tolle Nebeneffekt dabei ist, dass du es bereits an das Zähneputzen heranführst. Generell solltest du dein Baby direkt nach dem Durchbruch des ersten Zahns das Zähneputzen zeigen. Gebe ihm nicht nur eine Zahnbürste in die Hand, sondern putze, wenn es fertig ist, nach.

Welche Zahnpasta und Zahnbürste eignet sich für Babys?

Wenngleich viele Menschen Fluorid kritisch gegenüberstehen, hilft es bezüglich der Kariesvorsorge und soll auch bezüglich der Entwicklung der Zähne eine wichtige Rolle spielen. Achte immer darauf, deinem Baby nur eine kleine Menge Zahnpasta (etwa in Reiskorn-Größe) zu geben und eine weiche Zahnbürste mit kurzen Borsten und einem ebenfalls kurzen Borstenkopf zu nutzen.

Wann sollte ein Kind zum ersten Mal dem Zahnarzt vorgestellt werden?

Der erste Besuch beim Zahnarzt steht in der Regel dann an, wenn der erste Milchzahn auftaucht.

Diesbezüglich ist empfehlenswert, dein Baby auf den Besuch beim Zahnarzt vorzubereiten und es nicht ins kalte Wasser zu schmeißen.

Setze dich rechtzeitig mit der Kinderzahnarzt-Praxis in Verbindung und vereinbare dort Schnupperbesuche. So kann sich dein Baby im Rahmen dieser Besuche mit der Praxis und dem Personal vor Ort vertraut machen, bevor es selbst an der Reihe ist, weit „AH“ zu machen und sich in den Mund schauen zu lassen.

Bereite dein Baby zudem spielerisch zu Hause auf den Zahnarzt-Besuch vor, indem du dir von ihm in den Mund schauen lässt und vielleicht auch entsprechende Bilderbücher mit ihm ansiehst. Nehme es auch mit zu deinen Vorsorgeuntersuchungen und zeige ihm, dass auch du zum Zahnarzt gehst und dass das somit etwas ganz Normales darstellt.

Mein Baby hat schon ein paar Zähne und beißt. Wie kann ich ihm das nachhaltig, aber nicht grob abgewöhnen?

Wenn dein Baby bereits Zähne hat und zum Beispiel während des Stillens beißt, ist es für dich wichtig, ihm ganz genau zu zeigen, dass dir das Beißen wehtut und dass du nicht von ihm gebissen werden möchtest. Natürlich trifft das auch auf andere Situationen zu, in welchen dein Kind beißt.

Was du in diesem Fall tun kannst, ist, dein Kind nicht zu unterschätzen und auf die Kommunikation zu setzen, die in der gesamten Entwicklung deines Babys und auch in seinem späteren Leben eine fundamentale Rolle spielt. Dazu kannst du:

- ihm ganz bestimmt „Nein“ sagen, sodass es weiß, dass du es ernst meinst.
- dein Baby von der Brust nehmen, sofern es dich in diese beißen sollte.

- ihm erklären, warum du oder andere Menschen nicht von ihm gebissen werden wollt. Spreche dabei in „Ich"-Botschaften und zeige nicht mit dem Finger auf dein Baby. Sage ihm, wie du dich fühlst und vertraue darauf, dass es mehr versteht, als du ihm zutraust.
- ihm Alternativen bieten. Meistens beißen Babys, weil sie sich entweder durch das Zahnen Abhilfe verschaffen wollen oder weil sie einfach entdecken wollen, welche Reaktion sie bekommen.

Wie gefährlich ist es, Kakao zum Einschlafen zu geben, wenn das Baby bereits die ersten Zähne hat?

Kakao abends zum Trinken anzubieten, ist keine gute Idee. Denn der Zucker greift nach und nach die Zähne deines Babys an, sofern es danach keine Zähne putzen sollte. Greife abends und am besten auch tagsüber hauptsächlich zu Wasser zurück. Davon abgesehen braucht ein Baby, dass voll gestillt wird, gar kein zusätzliches Wasser. Dies gilt auch im Sommer, wenn die Temperaturen steigen. Lege es einfach immer dann an, wenn es an deine Brust möchte.

Zwischen Nutzen und Luxus

Mit Sicherheit seid ihr bereits öfter durch die Stadt oder die verschiedenen Geschäfte eines Einkaufszentrums gelaufen und habt dabei einen Blick auf all die Sachen geworfen, die Hersteller für Babys anbieten. Zwischen unzähligen Anziehsachen und Spielzeug findet sich auch eine unheimlich große Auswahl an Kinderwägen, Kindersitzen, Babywippen und anderen Dingen auf dem Markt wieder.

Durch diese große Auswahl und die Werbungen, die immer wieder darauf hinweisen, wie unglaublich wichtig ein bestimmtes Produkt für das Baby und seine Entwicklung ist, wissen viele Eltern oft gar nicht mehr, was sie unter all den Sachen wirklich brauchen und was hingegen als Luxus gilt.

Generell stellt es eine individuelle Frage dar, was Eltern brauchen und was nicht. Es kommt auch immer ein bisschen darauf an, wie ihr die beiden Begriffe „Nutzen" und „Luxus" definiert und was für euch jeweils drunter fällt. Erst wenn klar ist, was diese beiden Kategorien für euch jeweils bedeuten, könnt ihr feststellen, was ihr wirklich für euer Baby braucht und was für euch Luxus darstellt.

Was brauchen wir wirklich für unser Baby?

Wie schon gesagt, kommt es immer auf eure Einstellung und eure Auffassung als Paar an, was ihr als Luxus bezeichnet und welche Aspekte somit unter die Kategorie der reinen „Nutzgegenstände" fallen.

Grundsätzlich könnt ihr euch jedoch an den folgenden Hinweisen orientieren, um feststellen zu können, was für euch unter die Kategorie „Nutzen" fällt:

- Kinder wachsen in der Regel sehr schnell, was zur Folge hat, dass sie auch sehr schnell aus ihren Anziehsachen herauswachsen. Oft erhaltet ihr als werdende Eltern aus dem Freunde- und Bekanntenkreis Babykleidung, die ihr auf jeden Fall annehmen solltet. Denn eh ihr euch versehen habt, wird eurem Baby der Body, den es letzte Woche noch anhatte, nicht mehr passen. Kauft ihr alles neu, geht das ins Geld, wobei ihr die Dinge nicht mehr lange nutzen werdet. Kleidung allgemein fällt jedoch unter die Kategorie „Nutzen", da ihr euer Kind bekleiden müsst.
- Stilleinlagen, Still-BHs für die Mutter und eine Milchpumpe.
- Fläschchen und Milchpulver, falls Milchnahrung gegeben wird.
- Je nachdem, ob das Baby mit im Familienbett schläft oder nicht, einen Rausfallschutz oder ein eigenes Babybett mit der entsprechenden Matratze.
- Wenn für euch bereits vor der Geburt feststeht, dass ihr euer Kind tragen wollt, stellt ein Kinderwagen einen Aspekt dar, den ihr nicht braucht. Wollt ihr einen Mix aus Tragen und Kinderwagen praktizieren, gehört der Kinderwagen natürlich mit zu den Artikeln, die unter die Kategorie „Nutzen" fallen.
- Windeln und Feuchttücher;
- Badewanne;
- Wundschutzcreme (aber wirklich nur bei einem wunden Popo nutzen und nicht einfach mit als Routine während des Wickelns auftragen);
- Spucktücher;
- Schlafsack;
- mobile und/oder Spieluhr;

- Babyschale für das Auto, Kinderwagen, Tragetuch.

Wie ihr seht, sind es nur wenige Dinge, die ein Baby wirklich braucht. Die meisten Artikel, die sich auf dem Markt wiederfinden, sind purer Luxus oder in vielen Fällen einfach unsinnig und nicht notwendig, weil die Babys diese eh kaum oder gar nicht nutzen. Schafft euch nicht zu viel an, sondern lasst es langsam angehen. Ihr müsst kein komplett eingerichtetes Babyzimmer haben und auch nicht in jedem Raum eine Babyschaukel oder eine Laufiernhilfe stehen lassen.

Was ist Luxus, den wir für unser Baby eigentlich gar nicht brauchen?

Neben all den Dingen, die ihr euch für euer Baby im Rahmen der sogenannten „Erstausstattung" anschaffen solltet, werdet ihr auch auf Dinge treffen, die unter die Kategorie „Luxus" fallen. Sicherlich ist es hier auch wieder eine Frage der Ansicht und der Einstellung. Doch, generell fallen die folgenden Punkte unter „Luxus", den ihr eigentlich nicht wirklich braucht:

- Viel Spielzeug ist für ein Baby nicht notwendig. Babys erkunden ihre Umwelt und sind vor allem in Alltagsgegenstände interessiert. Löffel, Töpfe und Wäscheklammern – allgemein Dinge, die die Eltern nutzen – sind sehr viel interessanter als das tolle und überteuerte Spielzeug, welches euer Baby ganz besonders in seiner Entwicklung fördern soll.

- Eine Wickelkommode mag im ersten Moment vielleicht unter die Kategorie „Nutzen" fallen. Viele Eltern nutzen die Wickelkommode aber nur über einen kurzen Zeitraum hinweg und wickeln das Kind früher oder später auf einer Wickelunterlage auf der Couch, auf dem Boden oder auch auf dem Bett, weshalb die Kommode oft bereits nach kurzer Zeit ihren Nutzen verliert.

- Eine teure Wickeltasche ist absolut nicht notwendig. Stattdessen reicht eine große Tasche, in der ihr alles packen könnt, was ihr für das Baby braucht.

- Laufllernhilfen sind aus Sicht der Experten nicht nur schlecht für die Entwicklung der Kinder, sondern auch sehr gefährlich. Durch die Stellung, die sie in solchen Lauflernwägen einnehmen, lernen die Babys falsch zu laufen, da sich die Beine in einer vollkommen falschen Lage befinden. Zudem verleiten diese Hilfen die Eltern dazu, ihr Baby unbeaufsichtigt zu lassen. So kann es schnell passieren, dass die Kinder in der Lauflernhilfe über Türschwellen fallen, sich überschlagen und sich dabei sogar verletzen.

- Bevor sich euer Baby für die Einrichtung seines Kindeszimmers interessiert, kann viel Zeit vergehen. Vielleicht schläft euer Baby auch über mehrere Jahre hinweg in eurem Familienbett. Richtet ihr das Kinderzimmer teuer ein, riskiert ihr vielleicht, dass die Einrichtung und auch die Farbe gar nicht dem Geschmack eures Kindes entspricht. Es bietet sich deshalb immer an, etwas zu warten und das Zimmer in dem Geschmack des Kindes einzurichten. Wippen und Betten in Formen von Rennautos oder Prinzessinnenschlösser sind somit absoluter Luxus und nicht notwendig.

Diese Liste der Luxusartikel ist keinesfalls vollständig, da sich Hersteller immer wieder neue Dinge einfallen lassen, die vielleicht auf den ersten Moment toll aussehen, auf den zweiten Blick jedoch keinen wirklichen Nutzen mit sich bringen. Somit könnte diese Liste unendlich weitergeführt werden.

Es liegt also an euch als Eltern, festzustellen, was für euch unter Luxus und was unter Nutzen fällt. Behaltet dabei aber immer im Hinterkopf, dass euer Baby in erster Linie Kleidung, Nahrung, einen Platz zum Schlafen, Liebe, Geborgenheit, Sicherheit, Zuwendung, Nähe und eine Umwelt braucht, die es erkunden kann.

Schlusswort

Wow – so viele wertvolle und hilfreiche Informationen in nur einem Buch, das du ganz einfach immer zu Rate ziehen kannst, wenn dir eine Frage aufkommt oder wenn du einfach stöbern und dich rund um das erste Lebensjahr deines Babys schlau machen möchtest.

Auch wenn es immer wieder zu neuen Fragen und Herausforderungen kommen kann, steht nun eins fest - Jetzt bist du optimal auf dein erstes Blind-Date mit der größten Liebe deines Lebens vorbereitet!

Deutschsprachige Erstausgabe 2022

Kontakt: Tseja & Christian Herrtwich
Schwerzingerstraße 98, 68165 Mannheim

Covergestaltung: Danileoart | www.danileoart.com

Printed in Germany
by Amazon Distribution
GmbH, Leipzig

31485958R00145